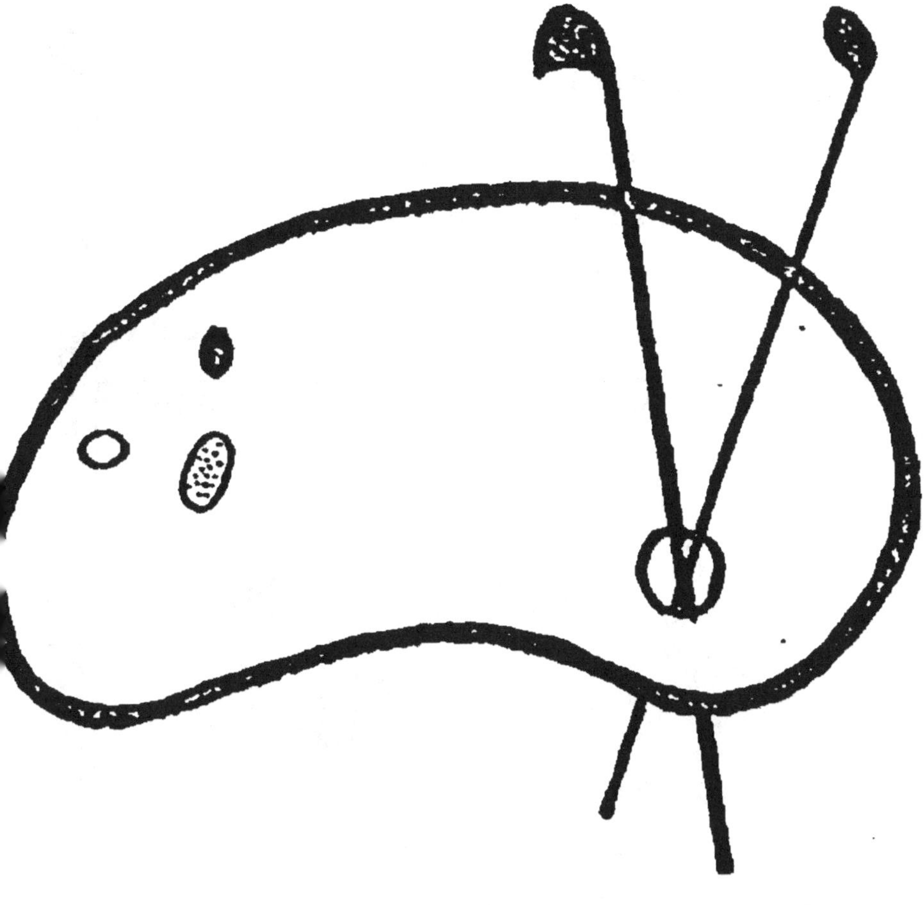

DEBUT D'UNE SERIE DE DOCUMENTS
EN COULEUR

À travers la Syrie

SOUVENIRS DE VOYAGE

par Mlle LOUISE MARQUETTE, avec

illustrations par Mme LOUIS DE GONCOURT.

Société de Saint-Augustin,

DESCLÉE, DE BROUWER ET Cie.

LILLE. — 1892.

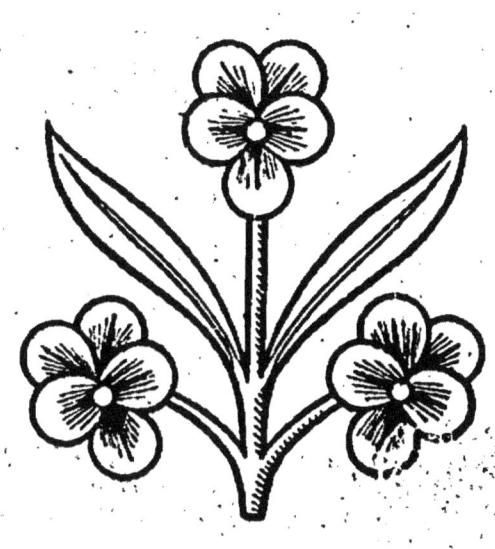

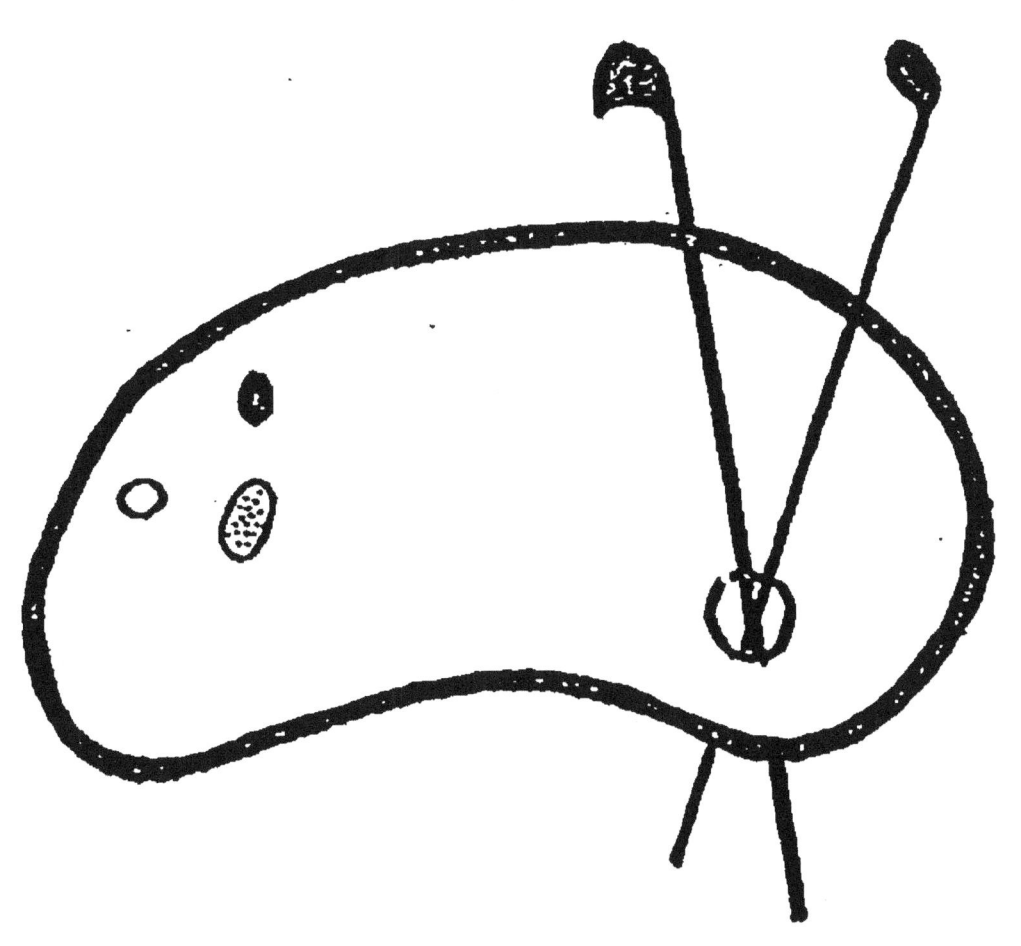

FIN D'UNE SERIE DE DOCUMENTS EN COULEUR

O^2_e
375

A travers la Syrie

SOUVENIRS DE VOYAGE.

Le Caire. — Citadelle. (D'après Mme de Goncourt.)

A travers la Syrie

SOUVENIRS DE VOYAGE

par Mlle LOUISE MARQUETTE, avec

illustrations par Mme LOUIS DE GONCOURT.

Société de Saint-Augustin,

DESCLÉE, DE BROUWER ET Cie.

LILLE. — 1892.

DÉDICACE.

« Nihil tam utile quam diligi. »
« Rien n'est si utile que d'être aimé. »
(St Ambroise.)

A MES AMIS.

Vous m'avez demandé mes impressions de voyage ; je ne puis vous les refuser, mes chers amis, car c'est à vos prières constantes, dictées par votre amitié, que je dois d'avoir supporté vaillamment les fatigues et les dangers de la route. Je remercie Dieu d'avoir exaucé vos supplications, et de m'avoir ainsi mieux fait comprendre encore que « rien n'est si utile que d'être aimé. »

L. M.

Vendresse, 6 Février 1892.

A travers la Syrie.

CHAPITRE PREMIER.

Le Départ. — Marseille. — Vie à bord.

L'Heure du départ a sonné. Malgré mon ardent désir de réaliser ce doux projet de voyage qui, depuis quatre ou cinq mois, est le but constant vers lequel j'aspire, ce n'est pas sans émotion que je quitte Vendresse, le dimanche 5 avril 1891. Chacun pleure en me disant adieu, et c'est aussi avec des yeux pleins de larmes que je jette un dernier regard sur mon clocher, sur mes chères tombes où ma place est marquée, et où l'on ne me ramènera peut-être pas !... Mais la vision des souvenirs que je vais chercher rappelle le sourire sur mes lèvres, et c'est avec une confiance entière que je redis comme les croisés : « Dieu le veut ! »

Après un arrêt très court à Paris, où l'on me souhaite bon voyage et surtout bon retour, le *rapide* me dépose à Marseille le mercredi soir, et Mme de Goncourt m'y rejoint le jeudi matin. Nous parcourons ensemble cette ville célèbre à tant de titres ; après avoir vu la cathédrale, Saint-Victor, la prison Saint-Lazare, le château Borelly, le Prado, etc., nous venons prendre possession de notre cabine et coucher à bord du *Poitou*, ce paquebot des Transports Maritimes qui va nous servir de demeure. Nos compagnes ne sont pas encore arrivées ; nous sommes donc seules pour cette première nuit, ce qui a pour avantage de nous habituer un peu à nos étroites et pas commodes couchettes.

Le vendredi matin, dès sept heures, nous nous dirigeons vers Notre-Dame de la Garde, où l'on bénit les croix que l'on nous distribue. Le Père Bailly nous rappelle que nous devons faire le sacrifice de notre vie; c'est un moment solennel! On a beau savoir qu'il y a des dangers à courir; on a beau avoir pesé le pour et le contre avant de se décider à entreprendre le pèlerinage ; quand au pied de l'autel on nous demande de tout quitter, de renoncer à tout ce que nous aimons, de sacrifier tout à Dieu, le cœur se serre un instant et l'on baisse la tête,.... mais pour la mieux relever quand on a reçu le pain des forts, le *viatique* qui nous soutiendra dans nos défaillances et nous fera accepter joyeusement toutes les difficultés de la route. Disons comme saint Augustin : « Vous êtes toujours avec moi, ô mon Dieu ; » vous êtes au-dedans de moi plus que moi-» même ! En quelque lieu que je me transporte, » vous y êtes déjà, et quoique je vous laisse à » l'endroit que je quitte, je vous trouve cepen-» dant partout où je passe, et vous m'attendez » encore au lieu où j'arrive. »

Avec Monseigneur Dénéchau, qui dit la messe et nous exhorte à nous confier à Marie, notre Mère, nous demandons à Notre-Dame de la Garde de nous garder et de nous ramener sains et saufs à nos parents, à nos amis, à qui nous ferons partager le bonheur que nous allons chercher si loin.

A dix heures, tout le monde est à bord. L'évêque de Marseille, Monseigneur Robert, et nos deux évêques pèlerins, Nos Seigneurs de

Tulle et de Luxembourg, bénissent et exorcisent le navire. La foule est grande sur le pont, car beaucoup de Marseillais sont venus assister à cette touchante cérémonie et chanter avec nous l'*Ave, maris Stella.*

Enfin, on lève l'ancre à midi, en redisant ce chant qui me remue jusqu'au fond du cœur : toutes ces voix d'hommes, saluant l'Étoile de la mer au moment où nous quittons la France, me causent une impression indéfinissable, et mes larmes coulent sans que je puisse les retenir.

On se met à table pour changer les idées ; et voilà que déjà le mal de mer éprouve les passagers, qui disparaissent les uns après les autres,— reviennent,— pour s'éclipser encore ; ce serait drôle, si l'on n'avait la peur d'être prise à son tour ! En attendant ce malaise, qui ne vient pas, je monte à la chapelle, établie sur la dunette, et je me recueille en commençant à croire que je ne rêve pas, que je suis réellement en route pour Jérusalem ! puis j'étudie les physionomies. Il faut faire connaissance, et, en restant polie pour tous, distinguer ceux pour qui l'on a plus de sympathie.

C'est la première fois que je fais une grande traversée ; tout est donc nouveau pour moi, comme pour le plus grand nombre. Nous sommes quatre dans notre cabine des premières, — quatre, où l'on n'est que deux en temps ordinaire ; mais, dans le *Pèlerinage de Pénitence*, il faut se serrer ! Nos compagnes ne sont pas des inconnues : la comtesse de L..., amie de Mme de Goncourt, voyage avec son amie, la baronne d'Avesnes, qui est presque ma compatriote ; aussi, la connaissance se fait vite, et nous nous entendons à merveille pour nous organiser dans « notre chambre resserrée », plus étroite encore que celle de Gresset, car on n'y peut « compter jusqu'à six pas. » Nos couchettes sont superposées ; Mme de Goncourt et moi, nous avons choisi celles d'en bas, où l'on se glisse plus facilement ; Mmes de L... et d'Avesnes sont au-dessus, et il leur faut faire une véritable escalade pour atteindre leurs lits. Elles ont du moins cet avantage de pouvoir se retourner sans se cogner la tête, tandis que nous ne pouvons que rester étendues sans bouger : toute médaille a son revers !

Dès ce premier jour, nous réglons notre

lever, qui doit avoir lieu tour à tour : comment s'habiller en même temps dans un si petit espace? Grâce à ma grosse vieille montre à répétition, je suis le *réveille-matin* général : Mme de L... se lève la première, à la lumière, pour avoir moins besoin de se hâter ; j'ai le numéro deux ; Mme de Goncourt et Mme d'Avesnes alternent.

Tout est réglé à bord. Le Père Bailly, notre directeur, est un homme vif, intelligent, aimable, qui sait tirer parti de tout et de tous. Il nous donne chaque jour des *avis spirituels* dans les deux sens du mot. Notre vie est une vie de couvent; j'en avais lu la description dans un livre charmant : *Chevauchée*, de Mlle de Bazelaire, et cette lecture avait fortifié mon ardent désir d'entreprendre le Pèlerinage ; mais la réalité surpasse encore mes espérances, et nos exercices de piété, intelligemment divisés, coupent la journée et rompent la monotonie de l'existence. Les messes commencent de grand matin (4 heures 1/2). Il y a, autour de la chapelle, dix-sept ou dix-huit autels portatifs, qui permettent aux cent soixante-dix prêtres pèlerins de célébrer le

Saint-Sacrifice. J'assiste en général à celle du P. Bailly ou d'un de nos évêques, à 6 heures 1/2 ou 7 heures, en ayant soin de régler nos montres, qui retardent de vingt minutes par jour environ, à mesure que nous avançons vers l'Est ; puis, on prend le café au lait. A huit heures et demie, on dit le premier chapelet, médité très simplement, mais d'une manière bien touchante : on y prie pour les parents et amis laissés en France, pour les chers morts, et jamais prière plus fervente n'est sortie de mon cœur !

Le grand déjeuner est à neuf heures. Nous sommes nombreux dans la salle à manger des premières ; on cause avec ses voisins ; l'intimité s'établit plus vite que dans un voyage ordinaire, puisque tous nous avons le même but, par suite les mêmes opinions religieuses. C'est ce qui explique les amitiés durables qui se forment souvent dans ces Pèlerinages.

Après une conférence, qui a lieu vers midi, sur le pont, au milieu du navire, on dit le deuxième chapelet ; un peu plus tard, le Chemin de la Croix ; on dîne à cinq heures ; puis le soir, à huit heures, le troisième chapelet et le Salut.

Une vie si coupée ne laisse pas de place à l'ennui, et c'est à peine si nous avons le temps d'écrire. Et puis, il faut examiner la carte, se rendre compte du point où l'on est.

CHAPITRE DEUXIÈME.

La Corse. — L'Ile d'Elbe. — Le Stromboli. — Messine et Reggio.

Samedi 11 avril. — Nous avons doublé le cap Corse, la mer étant trop mauvaise pour nous hasarder dans le détroit de Bonifacio. Nous voyons la Corse et ses montagnes couvertes de neige ; c'est splendide ! La mer est bleue, le ciel est bleu ; il n'y a plus de roulis et les malades reparaissent. Chacun s'installe sur son pliant ; on prend ses *Guides*, on fait des projets, tout en regardant l'île d'Elbe, où Napoléon en faisait de si grands ! et Monte-Christo, petit rocher qu'Alexandre Dumas a rendu célèbre. Et pendant que l'on se rassure, comptant à tort sur la stabilité des flots, la mer devient très mauvaise, on ne peut plus marcher ; les malades s'éclipsent de nouveau, et moi-même, si solide jusque-là, je paie mon tribut à la mer, mais un instant seulement.

A table, les *violons* sont mis ; cela me semble bizarre de voir verres, carafes, assiettes, etc., retenus dans des ficelles croisées, qui les empêchent de tomber.

Le roulis est excessif le dimanche 12 avril, et l'on ne peut dire que deux messes, et non sans peine ! Je ne reste pas à la chapelle, tant je me sens mal à l'aise, mais, du bas de l'escalier, je m'unis au Saint-Sacrifice en pensant à ceux que j'ai laissés en France; je les vois dans leurs diverses occupations, et je sais qu'ils prient pour moi, ce qui me rassure et me soutient.

Vers trois heures, le calme se fait. Nous sommes au milieu des îles Lipari, tout au pied du Stromboli, qui fume sans arrêt, et au bas duquel s'élèvent des maisons et une église ; les habitants nous considèrent avec curiosité. Le Salut est solennel ; le commandant fait tirer le canon au moment de la bénédiction, de même qu'on le tire à l'élévation des messes pontificales, et cet hommage rendu à Notre-Seigneur au milieu des flots, dont une simple planche nous sépare, est plus émotionnant que toutes les pompes les plus magnifiques.

Nous passons vers huit heures entre Charybde et Scylla ; nous voyons Messine et

Reggio, tout illuminées ; le coup d'œil est enchanteur. Pour en mieux jouir, nous montons sur le gaillard d'avant : ce canal très étroit, ces villes lumineuses, cette mer à laquelle la lune donne des reflets d'argent, nous semblent un décor d'opéra ; mais ici il n'y a pas de fiction, et nous ne craignons pas qu'un coup de sifflet ne détruise la réalité.

CHAPITRE TROISIÈME.

Des lettres à bord. — Candie. — Mer mauvaise.

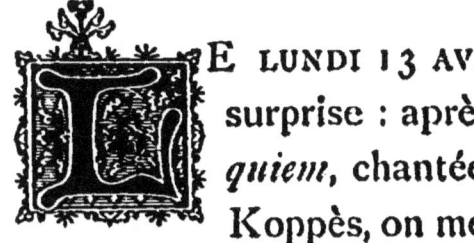E LUNDI 13 AVRIL me réserve une surprise : après la messe de *Requiem*, chantée par Monseigneur Koppès, on me remet deux lettres. D'où viennent-elles ? est-ce un paquebot qui les a déposées à notre bord pendant la nuit ? Le Père Alfred, notre si affable sous-directeur, s'amuse un peu de mon étonnement, et me dit ensuite que ces deux lettres, remises sur le *Poitou* au moment du départ de Marseille, sont restées au fond de la boîte, où j'aurais dû aller les chercher. Elles me font plus de plaisir dans la mer Ionienne qu'elles ne m'en eussent fait au port. L'une est de ma chère amie Marie C.., qui me promet de s'unir à moi pendant tout le Pèlerinage, et qui a acheté, à cet effet, le *Livre du Pèlerin*. C'est bon cette amitié sûre, qui date de l'enfance et que les années fortifient encore.

Cette journée, si bien commencée, continue de même. Le Père Bailly nous fait une intéressante conférence sur l'Égypte. Je cause beaucoup avec Monseigneur de Luxembourg, qui est simple, fin, spirituel, aimable, et qui n'a pas le mal de mer comme son collègue de Tulle.

MARDI 14 AVRIL. — Nous sommes en vue de Candie, l'ancienne île de Crète, qui réveille mes souvenirs mythologiques : Minos, Idoménée, le Minotaure, Thésée, Ariane, et qui me fait penser à saint Paul écrivant à Tite, resté en Crète : « Un d'entre eux (Epiménide), » leur propre prophète, a dit : Les Crétois sont » de méchantes bêtes, toujours menteurs et » ventres paresseux ; ce témoignage est vrai, » car ils confessent qu'ils connaissent DIEU et » ils le nient par leurs œuvres. » Hélas ! combien de chrétiens font de même !

Une nouvelle conférence sur l'Égypte, qui m'intéresse sans m'apprendre rien de neuf me prouve à quel point la masse travaille peu. Même des gens intelligents partent pour ce long voyage sans l'avoir étudié préalablement! Que comprendront-ils ? J'ai passé mon hiver à lire et à relire toutes choses s'y rapportant, et je sens plus que jamais qu'il m'aurait fallu des années pour m'y bien préparer !

La mer s'agite ; on craint une tempête ; le Salut est raccourci ; nous balançons bel et bien ; au lieu de marcher, on court sans le vouloir, et l'on se tient aux bastingages pour ne pas tomber. Mais quelle mer admirable ! les vagues se brisent en écume blanche qui nous éclabousse ; c'est attirant et grandiose ! on passerait la nuit à les contempler, et je déplore le règlement qui oblige à rentrer à dix heures.

Mercredi 15 avril. — La mer est trop forte pour que l'on puisse dire une messe pontificale en l'honneur de saint Joseph ; c'est partie remise. Notre bateau ayant marché très vite, on arrivera un jour d'avance à Alexandrie, et nous pourrons, sans rien perdre de notre Pèlerinage, faire à Memphis l'excursion projetée. C'est notre dernière journée sur le *Poitou* ; nous descendons à fond de cale prendre dans nos caisses ce qu'il nous faudra pour l'Égypte ; puis nous causons de nos futurs projets, et je suis tout étonnée de me trouver *posée* en grande voyageuse, moi qui suis si peu sûre de ne pas revenir en France avec les Pèlerins ! A la grâce de Dieu !

Nous avons un Salut des plus solennels, le coup de canon toujours émotionnant sur les flots ; et je pense à la différence que je trouverai, au retour, sur un paquebot ordinaire, où nous n'aurons plus ni messes, ni exercices de piété !

CHAPITRE QUATRIÈME.
Alexandrie.

Jeudi 16 avril. — On a ralenti la marche cette nuit, pour ne pas arriver trop tôt, et, dès six heures, nous sommes en rade d'Alexandrie. Chacun s'habille de façon à braver le soleil ; les chapeaux immenses, les casques en liège, les burnous blancs font leur apparition, et l'on rirait de soi-même si l'on était seul ainsi accoutré !

Après la grand'messe pontificale, l'animation est à son comble. A une heure et demie, nous débarquons et prenons rang dans la procession qui se dirige vers la cathédrale. Sur le quai, les Sœurs de Charité, les Frères, les Franciscains sont venus nous recevoir. En apercevant la cornette, une émotion poignante me saisit ; je souris aux bonnes Sœurs, à travers mes larmes ; j'ai envie de les embrasser : c'est un coin de la France, et, après sept jours de traversée, retrouver la terre ferme et *la Patrie*, c'est un délire !

Il est trois heures quand nous entrons dans

l'église de Sainte-Catherine, où le *Te Deum* est chanté et où nous recevons la bénédiction du Saint-Sacrement. Puis on nous fait, chez les Frères, une véritable ovation ; la grande cour est toute pavoisée, et les élèves, accompagnés de la fanfare, chantent en très pur français, sur un air entraînant :

> Salut, Pèlerins de la France !
> Salut, vaillants Fils de la Croix !
> Salut, croisés de Pénitence !
> Salut, amis du Roi des rois !

Le Frère directeur nous adresse un compliment très senti ; Monseigneur de Tulle répond aimablement en rappelant que lui aussi a été à l'école des chers Frères ; Monseigneur de Luxembourg y ajoute un mot plein de cœur, auquel son léger accent donne un charme de plus ; puis, tout l'établissement est mis à notre disposition. J'en profite pour envoyer en France la dépêche promise : « Excellente traversée, » et ces deux mots, avec l'adresse et la signature, me coûtent treize francs quarante centimes ; mais la joie qu'ils apporteront aux chers absents vaut plus que cette somme ! Je plains ceux qui ne comprendraient pas ce sentiment ! — Cette dépêche, partie d'Alexandrie à cinq heures dix minutes, transmise par le câble sous-marin, a été reçue en France à cinq heures dix minutes le même jour, au grand étonnement de ceux qui n'avaient pas réfléchi à la différence causée dans les heures par le changement de longitude.

Nous tâchons d'organiser pour le soir même notre départ d'Alexandrie ; et nous voyons vite que c'est chose impossible. Le bon Père Alfred, escorté de Mr D.., se rend à la gare pour que demain on nous tienne compte de nos billets, qui sont payés d'avance ; nous les y rejoignons et parlementons en vain avec le sous-chef de gare, qui sait le français, mais ne veut pas faire droit à nos réclamations ; nous en passerons par où on voudra, et nous partirons pour le Caire demain matin.

En attendant, nous parcourons la ville, très peu orientale, mais moins européenne que je ne le croyais, d'après les auteurs consultés. Du côté de la place des Consuls, les rues sont larges, les maisons hautes, et, sans les toits plats et les palmiers maritimes, on pourrait se croire en Europe ; mais dans les quartiers arabes, les rues sont étroites, tortueuses, avec des balcons avançants, un peuple sale, bizarre, déguenillé, au milieu de belles voitures, d'élégantes Européennes. Les femmes indigènes sont voilées avec soin et portent le *bouron*, qui retient leur voile noir, et fait à nos yeux inexpérimentés l'effet d'un tire-bouchon qu'elles auraient sur le nez.

Nous voyons la *colonne de Pompée*, monolithe en beau granit rouge poli, de vingt-deux mètres de haut sur neuf mètres de circonférence ; sa hauteur totale, avec le piédestal et le chapiteau, est de trente mètres. Elle est sur un monticule, au sud-ouest de la ville, d'où l'on a une vue ravissante. Si l'on en croit Makrizi, écrivain arabe du quinzième siècle, cette colonne, aujourd'hui solitaire, était autrefois dans un portique entouré de quatre cents colonnes, où la tradition plaçait la fameuse bibliothèque, sur le seuil de laquelle étaient écrits ces mots : « Trésors des remèdes de l'âme, » et qui fut brûlée au septième siècle, par les ordres d'Omar.

Nous entrons, en ôtant nos chaussures, ce qui ne me plaît guère (je m'y habituerai plus tard), dans la *mosquée d'Attarin*, bâtie sur l'emplacement de l'église de Saint-Athanase ; dans l'église *copte*, qui croit posséder le corps ou du moins la tête de saint Marc ; dans l'église *grecque*, où l'on vénère la pierre de la décollation de sainte Catherine.

Mais tout cela ne nous offre qu'un intérêt secondaire ; et, tout en nous remémorant les grandeurs d'Alexandre, les vicissitudes de sa ville de prédilection, l'estime qu'en faisait saint Pierre, qui y envoya son disciple préféré, saint Marc l'Evangéliste, pour y fonder un siège patriarcal qui eut la préséance sur Antioche et ne le céda qu'à Rome ; tout en nous souvenant de sainte Appoline, d'Origène, de saint Athanase, de saint Cyrille, de l'illustre vierge sainte Catherine, dont Bossuet a dit qu' « elle fut aussi éclairée pour annoncer la » vérité que déterminée à mourir pour elle », nous regagnons le *Poitou*, où nous avions cru ne plus coucher, et où nous trouvons nos lits délicieux après cette journée fatigante. Il est vrai de dire que nous sommes à l'ancre, et qu'il est bon de ne plus sentir ce bercement perpétuel qui finit par empêcher de respirer.

CHAPITRE CINQUIÈME.
Le Caire. — Les Mosquées.

Vendredi 17 avril. — Le train pour le Caire ne part qu'à neuf heures un quart ; nous pouvons donc, sans nous presser, entendre la messe à bord, prendre notre chocolat dans un café de la ville, et acheter nos provisions pour manger en route afin de ne pas perdre de temps. Nous sommes huit pour notre expédition : Mme de Goncourt, Melles de L... et Ay.. de la B..., Mr D... et sa charmante fille, Mr H... et moi ; — celui-ci, étudiant en médecine, a des parents à Montcornet. On est heureux de se trouver ainsi des connaissances communes. Mais j'aurai d'autres surprises du même genre et plus étranges encore !

La carte à la main, nous faisons en chemin de fer le trajet d'Alexandrie au Caire, deux cent dix kilomètres, — c'est un jeu ! et nous pensons aux difficultés, aux fatigues éprouvées par nos soldats en 1798, alors que Bonaparte les conduisait escorté de Lannes, de Murat, de Kléber, et qu'il avait peine à les empêcher de tomber dans le découragement. Que de progrès en moins d'un siècle !!!

Nous filons à toute vapeur, laissant à droite le lac Maréotis, et les déserts de Nitrie et de Scétée, dont le Père Bailly nous parlait dans une de ses conférences, et où se retirèrent une grande quantité d'anachorètes ; l'un d'eux, rapporte la légende, arrosa, pendant deux ans, une canne qu'on lui avait ordonné de planter, et la canne fleurit et devint « l'arbre d'obéissance », dont une branche est à la statue de saint Joseph au Caire. N'est-ce pas le cas de redire avec Montalembert, d'après l'Écriture sainte (Proverbes XXI, 28) : « L'homme obéissant parlera des victoires. » *Vir obediens loquetur victoriam.*

Nous traversons le Nil, ce fleuve qui fait rêver les enfants, qui désespère la science, et qui est la source de la richesse de l'Égypte. Nous apercevons des minarets octogones, des habitations en briques crues, des palmiers, et, tout au loin, les Pyramides !!

Nous traversons *Tantah*, ville célèbre par ses foires ; *Benhâl Assal* (la ville du miel), près de laquelle sont les ruines de l'ancienne

Athribis, qui n'est plus qu'un amas de décombres, et, à midi et demi, nous arrivons *au Caire*, que les Arabes appellent *Masr*, et dont le nom, « El Kahirah, » signifie « la Victorieuse. » (Elle fut fondée par Gewher en 969.)

Un omnibus nous amène à l'hôtel d'Orient, place de l'Esbékiez, où nous nous installons, Mme de Goncourt et moi, dans une grande chambre à deux lits, précédée d'un beau cabinet de toilette ; nous allons être au large, ce qui nous semblera bon, après la cabine du *Poitou !* Mais nous ne sommes pas au Caire pour contempler notre appartement. Nous prenons des voitures et nous allons à la Poste, où je trouve des nouvelles de France, ce qui me met la joie au cœur, et me prédispose à tout admirer. Il y a du reste matière à admiration !

Le Caire est une ville de 350.000 habitants, où l'on trouve tout le confort européen au milieu des mœurs orientales ; des boulevards qui rivalisent avec ceux de Paris, à côté de rues arabes qui ont servi de modèle à la rue du Caire de l'Exposition de 1889, — rues étroites, tortueuses, *moucharabis*, qui permettent de voir sans être vus, — bazars où l'on circule difficilement, encombrés d'acheteurs, d'ânes et d'âniers; car les ânes du Caire ne sont pas une plaisanterie : on en rencontre en foule, les uns montés par des Européens dont les jambes sont trop longues pour les étriers, les autres, par des indigènes assis sur la croupe de l'animal, les jambes pendantes et se servant de leurs pieds pour faire avancer la bête; rien de plus pittoresque que les costumes aux couleurs variées et voyantes, les uns en étoffes luxueuses, les autres en lambeaux; le blanc et le jaune sont les couleurs dominantes; je prétends que les hommes ont l'air d'être en chemise de nuit ! En vérité, on ne les distingue des femmes que par leur barbe ou l'absence du voile.

Les rues sont sales, comme partout en Orient ; ce sont les chiens qui, après avoir dormi tout le jour, les débarrassent la nuit de toutes les ordures qu'on y jette; mais non sans batailles ! et au détriment du repos des gens ! Certes, ce n'est pas pour dormir qu'on se couche au Caire !! surtout pendant le *Ramadan*, et nous y sommes en plein ! Les musulmans, dont le jeûne se prolonge jusqu'au coucher du soleil, se dédommagent quand l'heure du repos a sonné ; ils mangent, ils boivent, ils crient, les chiens aboient, et, malgré la fatigue, je me retourne sur mon lit sans pouvoir fermer l'œil, en regrettant de n'avoir pas la plume de Boileau pour chanter « les embarras de la capitale égyptienne. »

Mais, avant de goûter aux insomnies orientales, j'ai admiré les splendeurs des mosquées, et aussi leur multitude ; on en compte plus de quatre cents, dont deux cent cinquante à minarets. Ne pouvant les visiter toutes, nous voyons d'abord une des plus anciennes, qui passe pour la plus belle, celle du *sultan Hassan ;* elle remonte au quatorzième siècle, et a la forme d'une croix grecque (chose rare pour une mosquée) ; sa coupole a cinquante-cinq mètres de haut, et un de ses minarets quatre-vingt-six mètres d'élévation ; ses murailles ont jusqu'à huit mètres d'épaisseur ; la longueur totale de l'édifice est de cent quarante mètres ; la construction est faite en pierres alternativement blanches et peintes en rouge. Le marbre a été prodigué pour les ornements intérieurs, et le carreau est formé de riches mosaïques. Malheureusement, cette mosquée tombe en ruines, et on ne fait rien pour la restaurer! Négligence que nous retrouverons souvent dans la suite de notre voyage!

Nous montons *à la citadelle*, qui date du douzième siècle et d'où la vue sur le Caire est féerique. Nous ôtons nos chaussures pour pénétrer dans la cour de la mosquée de *Méhémet Ali*. Au milieu de cette cour, entourée d'une colonnade en bel albâtre, se trouve, comme dans toutes les mosquées, la fontaine des ablutions. Au moment où nous allons entrer dans l'édifice, un Arabe se précipite pour nous en empêcher; il crie, gesticule; nous avançons quand même et, après quelque hésitation, il met un doigt sur ses lèvres, nous fait signe de le suivre, marche sur la pointe des pieds, et nous introduit enfin dans la mosquée, où des Mahométans debout écoutent la lecture du Coran; rassemblés auprès du *Mirhab* (1), ils prêtent une attention profonde aux paroles du *Cheick;* puis ils se prosternent,

---

(1) *Mirhab,* lieu de la prière.

lèvent les bras au ciel, se relèvent pour se prosterner encore, et nous donnent ainsi une représentation complète de leurs *salams ;* nous nous en souviendrons quand nous parlerons en France des *salamalecks.*

La lecture du Coran achevée, tous s'en vont ; nous pouvons donc admirer à loisir le tombeau de Méhémet Ali et les piliers de l'édifice, recouverts d'albâtre oriental dont la teinte ambrée a les chatoiements de l'opale. Cette mosquée a vraiment un aspect à la fois élégant et grandiose ; elle est surmontée d'une grande coupole, flanquée de quatre demi-coupoles, avec quatre petits dômes octogones aux angles.

Nous visitons ensuite l'*Iman Chafey*, traversant pour y arriver une plaine déserte, au delà de la citadelle, un champ couvert de monuments funèbres de toutes les formes et de toutes les dimensions : petits dômes en ogive, minarets carrés à la base, octogones au milieu, cylindriques vers le haut, surmontés d'un ovoïde orné d'un croissant. Près de la mosquée proprement dite d'Iman Chafey, s'élèvent des maisons habitées ; c'est un assemblage singulier des vivants et des morts. Une enceinte contient de charmants mausolées de Mamelucks, sarcophages sculptés, avec des colonnettes au pied et à la tête.

Un peu plus loin, au milieu d'une cour plantée d'arbres, se trouvent les sépultures de la famille de Méhémet Ali. Tout est sobre d'ornements, et l'œil se repose avec plaisir sur cet ensemble gracieux et pur.

Mais il faut penser à rentrer à l'hôtel, car le lendemain sera une journée fatigante. Nous faisons honneur au dîner, servi dans une immense salle à manger que précèdent plusieurs grands salons, entourés de divans, où l'air circule sans peine, vu la hauteur du plafond. Nous sommes servis *à la française*, sauf le café, qui est *à la turque*, et je savoure des bananes délicieuses, au goût fin, exquis, et que ne rappellent en rien celles que nous mangeons en France ; tant il est vrai que les choses sont meilleures à l'endroit où Dieu les a placées.

CHAPITRE SIXIÈME.
Excursion à Memphis.

SAMEDI 18 AVRIL. — La journée commence par une rencontre qui m'amuse : Mr H.., qui loge chez les Frères, a dit à l'un d'eux qu'une des Pèlerines est de Laon ; le bon Frère vient pour me voir et, après un échange de questions et de réponses, je découvre qu'il est de Vassogne (à côté de Vendresse), et qu'il n'a pas revu son pays depuis trente-deux ans. Sous son costume d'*ignorantin*, le Frère Angelhem est un savant ; il interroge notre drogman, et lui fait de sérieuses recommandations pour qu'il nous montre tout ce qu'il y a d'intéressant à Memphis, Saqqarah, etc.

Memphis ! cela me reporte à mes jeunes années, quand j'apprenais l'abrégé de l'Histoire ancienne, où il est dit que Ménès, premier roi d'Égypte, fonda Memphis plus de 4000 ans avant Jésus-Christ, c'est-à-dire au commencement du monde. Il ferait bon avoir repassé les dynasties égyptiennes, afin de jouir de toutes les antiquités que nous allons voir ; mais il aurait fallu plus qu'un hiver, et j'ai surtout étudié la partie religieuse et française de mon voyage. Marchons donc sans aucune prétention égyptologue, et jouissons du présent et des réminiscences du passé.

Le chemin de fer nous conduit à Bédréchéïn, où nous trouvons des ânes. C'est sur leur dos, à califourchon, que nous nous lançons dans le désert. Nous sommes bientôt devant une énorme statue couchée, celle de Ramsès II (Sésostris), dont la figure bête et le sourire bon enfant ne donnent pas l'idée d'un guerrier terrible. Voici des amas de pierres au milieu de splendides palmiers ; la ruine, la désolation pour l'œuvre des hommes, et au-dessus, le charmant ombrage donné par ces arbres élégants que Dieu y fait pousser : là fut *Memphis !!..* Plus loin, c'est l'emplacement du *Sérapéum*, qui contenait les tombeaux des Apis ; le sable a presque tout envahi ; nous pouvons cependant visiter un souterrain, où nous restons saisis devant ces vingt-quatre sarcophages en granit de Syène, qui ont environ quatre mètres de haut sur cinq de long et trois de large. C'est là que les Apis étaient ensevelis. Chacun de ces monolithes doit peser environ 800.000 kilos ; et on se demande comment un peuple qui ne disposait ni de la vapeur, ni de nos instruments perfectionnés, a pu construire de tels monuments ? C'est un Français, M. Mariette, qui a découvert le Sérapéum de Memphis, en 1850. Sous ses ordres, on exécuta de grands travaux pour déblayer ce que le sable avait envahi depuis des siècles ; cent quarante-et-un *sphinx* furent mis à jour dans l'avenue qui conduisait au temple de Sérapis ; et ce temple lui-même fut découvert le 12 novembre 1851. Grâce aux inscriptions qui accompagnent chaque tombe, et où se lit la date précise de la mort du bœuf sacré, rapportée à l'année courante du prince régnant, on a pu fixer la chronologie des dernières dynasties des Pharaons.

Mais, hélas ! le sable du désert a repris ses droits, et nous n'avons rien vu de ces fameux sphinx, terreur de notre enfance !

En revanche nous visitons, à *Saqqarah*, la tombe de Ti, un haut fonctionnaire de la sixième dynastie, c'est-à-dire, de l'an 3500 avant Notre-Seigneur ; celle d'Onas, récemment découverte, et où les hiéroglyphes et les peintures sont conservés d'une manière étonnante, ce qui s'explique par le manque absolu d'humidité ; et, sans reprendre nos ânes, nous nous dirigeons vers l'*Abri-Mariette*, où nous devons manger les provisions que notre guide a apportées. Cet abri nous semble à quelque cent mètres de la dernière tombe visitée, mais quelle difficulté pour y parvenir ! Je sais maintenant ce que c'est que de marcher dans le sable fin du désert, sable que soulève un vent violent et chaud, sous un soleil de plomb ! on croit avancer, et l'on enfonce en reculant !.. Je pense à l'histoire d'Agar, et je comprends son cri de désespoir et son acte de découragement. Enfin, les œufs durs et le poulet froid, que nous mangeons sur le pouce, nous rendent un peu d'énergie, mais l'eau est rare : on la paie dix sous une carafe, aussi nous la ménage-t-on plus que le vin.

Après une petite heure de repos, nous remontons sur nos bêtes, dont le déjeuner a encore été plus sommaire que le nôtre, et nous partons à fond de train, car nous voulons revenir par *Hélouan*, sur la ligne de la Haute-Égypte, et il faut nous hâter.

Le Nil et les Pyramides. (D'après Mme de Goncourt.)

Dans cette course folle, nous traversons des villages en terre ou en briques cuites au soleil. Les habitations sont basses, sans fenêtres ; un trou sert de porte ; c'est la misère, mais la misère ombragée de palmiers ! Il ne ferait pas bon d'y vivre, mais c'est bien joli d'y passer ! Les enfants courent après nous en nous demandant *Bakchiche* (pourboire), et en nous offrant des statuettes et des amulettes d'une antiquité douteuse; nous en achetons quelques-unes pour échapper à la poursuite des vendeurs, et nous voici au bord du Nil ; il faut traverser le fleuve aux eaux jaunâtres, et si douces cependant que, d'après le proverbe : « Qui en a bu en voudra boire encore. »

La barque dans laquelle nous entrons s'ensable au bout de quelques coups d'aviron ; une autre arrive à notre secours. Tout en songeant à Moïse au milieu des flots, nous nous y transbordons, nous et nos ânes, et nous débarquons bientôt sur l'autre rive, en regardant si la sœur du grand Législateur des Hébreux n'a pas laissé ces traces dans quelques roseaux. C'est peut-être au lieu où nous sommes que voguait le berceau de l'enfant, et que, par un décret de la Providence, qui se joue de la main des hommes, ce fut la fille même du Pharaon qui recueillit et éleva, dans son palais, celui qui devait délivrer les Hébreux, condamnés par son père à l'anéantissement. « Je perdrai la sagesse des sages, dit le Seigneur » (I Corinthien, I, 19). *Perdam sapientiam sapientium ;* ce qui prouve bien qu'il n'y a pas de sagesse contre Dieu. Les vers de Victor Hugo nous reviennent en mémoire :

> « Sous les traits d'un enfant délaissé sur les flots,
> C'est l'élu du Sina, c'est le roi des fléaux,
>   Qu'une Vierge sauve de l'onde.
> Mortels, vous dont l'orgueil méconnait l'Eternel,
> Fléchissez : un berceau va sauver Israël,
>   Un berceau doit sauver le monde ! »

Mais il faut avancer au plus vite, car le train n'attend pas. Mon âne prend un grain de sable pour un chardon, se baisse brusquement et je passe par dessus sa tête ! On accourt : je suis déjà sur mes pieds sans contusion : c'est l'agrément du désert ! Comme le bonhomme dont Mme de Sévigné raconte si gaiement l'histoire, je remonte sur ma bête et je ris de cet accident, qui clôt mes aventures, dont la série formerait un volume : chapeau envolé, cheveux pendants, ombrelle cassée, lorgnon perdu, rien n'y a manqué, c'est un plaisir : si l'on voyageait à travers les ruines de Memphis aussi facilement qu'en France, ce ne serait pas la peine d'y venir !

A la gare, nous avons une demi-heure à attendre ; nous en profitons pour voir Hélouan, petit village assez coquet, qui possède des eaux sulfureuses et thermales, à 30 degrés, et un établissement de bains. C'est à Hélouan que les Arabes construisirent leur premier nilomètre (*mékyas*-mesure), en l'an 700 de notre ère. (Celui que l'on voit encore dans l'île de Raoudah, en face le Vieux Caire, a été construit seize ans plus tard.)

Quand nous rentrons à l'hôtel d'Orient, le pèlerinage est arrivé. Nous racontons notre délicieuse excursion ; nous écoutons le récit des réceptions chez les Frères d'Alexandrie, et, tout en regrettant de n'avoir pas le don d'ubiquité, — ce serait si commode ! — nous nous félicitons de la part que nous avons choisie.

Je sors seule pour acheter une ombrelle et

des bonbons anglais, car la soif m'a fait souffrir ; et, en flânant devant les magasins européens, je me demande si je suis vraiment au Caire, et si tout ce que j'ai vu jusqu'ici n'est pas un rêve. Je suis tentée de dire, comme le doge, à Versailles : « Ce qui m'étonne le plus, c'est de m'y voir ! »

CHAPITRE SEPTIÈME.
Le Vieux Caire. — Giseh.

Dimanche 18 avril. — Depuis que nous sommes en Égypte, nous avons sacrifié aux faux dieux, et entendu lire le Coran. Aujourd'hui, laissant de côté la mythologie et Mahomet, nous allons commencer notre Pèlerinage et suivre la Sainte Famille au Vieux Caire, où Monseigneur Koppès nous dit la messe dans une église copte, dédiée à la Sainte Vierge. C'est là, d'après la tradition, que Marie, avec Jésus et Joseph, habita pendant son séjour en Égypte. Cette église à trois nefs formées par deux rangs de colonnes, est noire, sale, et produit une triste impression, qu'augmente encore le chant nasillard du prêtre copte qui officie en même temps que Monseigneur de Luxembourg. Nous sommes debout, pressés les uns contre les autres ; le recueillement est difficile. Les femmes qui ont des bébés à baptiser se tiennent à l'entrée de l'église, près de la chapelle souterraine (où demeurait la Sainte Famille) ; nous voyons faire les baptêmes par immersion, au milieu de cris indescriptibles.

Le *Vieux Caire*, dont le nom primitif est *Fostat* (la Babylone d'Égypte), fut fondé par Amrou, général du calife Omar, en 640 ; il fit aussi bâtir la mosquée qui porte son nom et que nous visitons avant de remonter en voiture. C'est une construction presque carrée, surmontée de deux minarets à une seule galerie et très simples. Les monuments qui bordaient la première cour sont détruits ; on entre sous le minaret du milieu dans une grande cour de quatre-vingts mètres de côté, entourée de nombreuses colonnes ; il n'y en a pas moins de deux cent trente, en y comprenant celles de la fontaine des ablutions, au milieu de la cour ; de là le nom de mosquée aux mille colonnes qu'on lui donne généralement. Elles sont toutes d'un seul morceau, de marbres différents, et atteignent cinq mètres de hauteur avec leurs chapitaux rajoutés ; ces colonnes sont reliées entre elles par des arcades à double courbure, qui, malgré l'état de délabrement général, offrent un ensemble élégant et grandiose. On nous montre près du *Member* (1) une colonne marquée d'une veine blanche, qui, d'après la légende, serait l'empreinte de la *courbach* du calife Omar (2).

Nous aurions voulu visiter en détail quelques rues du Vieux Caire, dont les maisons bizarres nous attirent, mais nous ne volons plus de nos propres ailes, et nous suivons le Pèlerinage, qui nous ramène à l'Esbékiez, où je me crois plutôt à Paris que dans une ville d'Orient, puisque j'ai sous les yeux un véritable jardin anglais, aux allées sablées et aux plantes européennes.

Après le déjeuner, pendant que mes compagnes font acte de présence à une représentation chez les Frères, j'écris, car je sais qu'en France on désire de mes nouvelles comme j'en désire, moi, de ceux que j'ai laissés là-bas. Puis nous allons en voiture au musée de Giseh, où nous nous extasions devant une foule de statuettes, de momies et autres antiquités égyptiennes, qui m'intéressent sans me captiver. La promenade, au retour, me plaît mieux :

---

(1) *Member*, espèce de chaire.
(2) *Courbach*, signifie *cravache*.

nous parcourons de larges avenues plantées d'acacias Lebbeck, où les voitures se croisent comme aux Champs-Élysées ; devant chaque voiture de maître courent des *saïs* (coureurs), en longue casaque blanche, une baguette à la main ; ils font faire place, et leur rapidité égale celle des chevaux. Après avoir traversé le magnifique pont de Kasr-el-Nil, nous rencontrons le Khédive et son harem ; le prince salue gracieusement, et n'étaient les palmiers et les costumes arabes, nous nous croirions dans l'allée des acacias au bois de Boulogne.

Je ne m'habitue pas à ce mélange de mœurs, mélange superficiel, du reste, car l'Orient et l'Occident sont loin d'être fondus ; les usages sont aussi différents que les goûts et le langage ; l'Arabe aura beau avoir une teinture de civilisation, il ne faudrait pas gratter fort pour retrouver la couleur locale, celle que je préfère, bien entendu, et la seule que je cherche ici. Nous la trouvons pleinement dans les rues, la nuit, quand la plupart des gens, roulés dans un manteau, sont étendus sur les trottoirs, où on les prendrait pour des tas d'ordures. Ils font ainsi économie de logement et d'ameublement.

CHAPITRE HUITIÈME.
Matarieh. — Héliopolis. — Études locales.

Lundi 20 avril. — Dès six heures, des voitures de toute sorte, tapissières, tramways, landaus, nous conduisent au chemin de fer, qui nous amène à Matarieh, chez les Pères Jésuites, où Monseigneur de Tulle dit la messe en plein air, sous le sycomore de la Ste Vierge, ainsi nommé parce qu'il a remplacé le figuier sous lequel la Sainte Famille s'était reposée. Un Père nous fait une touchante allocution, nous dit le bien produit par le Pèlerinage, qui relève la religion aux yeux des infidèles, en leur montrant que, pour notre foi, nous n'avons pas peur de traverser les mers et decourir mille dangers.

Cette messe au milieu de la verdure, sous ce beau ciel d'Orient, à cet endroit où Marie, Jésus, Joseph, ont passé, me cause une profonde et douce impression. Sous cet arbre aux branches étendues, image de la protection de Marie sur ses enfants, le recueillement est facile et la Communion fervente.

On nous donne quelques feuilles et un peu d'écorce de ce sycomore ; puis nous buvons de l'eau de la Noria (source) de la Ste Vierge, et, après avoir reçu l'hospitalité chez les bons Pères, qui nous offrent du pain et du fromage, nous allons voir l'obélisque d'Héliopolis en traversant le champ de bataille où, le 19 mars 1800, Kléber, à la tête de dix mille soldats, dispersa soixante-dix à quatre-vingt mille ennemis.

De la vieille ville d'*Héliopolis* (ville du Soleil), ou *On*, dont il est parlé plusieurs fois dans l'Écriture sainte (Genèse, XLI, 45, 50 ; — VI, 46 ; — Ezéchiel, XXX, 17), il ne reste plus que cet obélisque ; c'est un monolithe en granit de vingt mètres soixante-quinze de hauteur ; sa largeur à la base est de un mètre quatre-vingt-quatre sur un mètre quatre-vingt-huit ; c'est le plus ancien obélisque d'Égypte. Le roi dont le nom est inscrit sur le monument, régnait environ 2700 ans avant l'ère chrétienne.

On nous fait remarquer que le piédestal de l'obélisque d'Héliopolis est enterré profondément (7 à 8 mètres), ce qui prouve l'exhaussement séculaire du sol de l'Égypte, causé par le limon que le Nil y dépose chaque année, limon qui se durcit, et qu'on peut employer dans les constructions au lieu de pierres et de briques.

Pendant que plusieurs vont au parc des autruches, je me repose à la gare en égrenant des épis de blé mûr, car on est en pleine moisson. Le sol de l'Égypte est très fertile, et cela sans engrais, sans pluie et presque sans charrue, puisqu'on peut à peine donner ce nom à celle dont se servent les *fellahs* (cultivateurs). C'est le limon du Nil qui fertilise toutes les terres qu'il couvre ; les autres terres sont arrosées artificiellement, et l'on obtient ainsi deux et même trois récoltes par an. On cultive surtout le blé, l'orge, le maïs, le coton, le riz, la canne à sucre, le café, le tabac, les dattes, etc.

Le système d'arrosage est très curieux : il y a, outre les canaux de l'inondation, ceux du Nil bas, qui coulent en tout temps ; le fellah y puise avec une balançoire, qui enlève l'eau chaque fois qu'elle y plonge, ou avec le *sakyeh* (roue à eau), que les buffles font tourner.

Tout est étrange à nos yeux, tout est matière à réflexion, et il faudrait plus de loisirs que nous n'en avons pour étudier à fond ce pays et ceux qui l'habitent.

Dans l'après-midi de ce même jour, après avoir écrit un peu aux amis de France, que mon cœur ne quitte pas, je vais avec ma chère compagne, sous la conduite d'un jeune Maronite, Nasri Hava, à qui elle a été recommandée, visiter plusieurs familles indigènes, où nous sommes parfaitement reçues et où nous voyons de près les mœurs et coutumes du Caire. Les dames, très élégantes, mettent la main sur leur cœur et à leur bouche pour nous souhaiter la bienvenue ; puis, une domestique apporte sur un plateau des confitures de diverses espèces et des verres d'eau ; nous prenons chacune un verre et une cuillerée de confitures, que nous mêlons à l'eau.., et nos hôtes de se mettre à rire, à notre grand ébahissement. Notre jeune interprète nous explique alors que nous avons commis une incongruité ; on mange les confitures et l'on boit l'eau par dessus. Avis à nous pour une autre fois.

Dans une de ces familles, où les dames parlent un peu français, on nous fait voir la nourrice du plus jeune enfant, belle Nubienne au teint cuivré et aux dents blanches, qui s'habille devant nous afin de nous initier aux mystères du *bourou*, sans lequel elle ne sortirait pas.

Vers la fin du jour, nous allons chez le Consul de France, M`r` L.. ; il est absent, mais nous visitons son appartement arabe, luxueusement meublé, où les divans se succèdent, séparés par de lourdes portières, et où de ravissants vitraux laissent passer un jour doux qui éclaire les meubles de teintes délicieuses : c'est poétique au possible.

Nous jetons encore un coup d'œil aux bazars, où je me laisse tenter par un *kouffiez*, sorte de fichu en soie bariolée, dont les Arabes se couvrent la tête et la nuque pour se garantir du soleil.

Ces dames vont le soir entendre des chanteuses qui ne me tentent pas ; nous avions, vendredi dernier, essayé en vain de voir les *Derviches tourneurs :* malgré toutes nos instances, nous n'avons pu obtenir la moindre représentation ; le Ramadan d'une part, la maladie d'un grand chef de l'autre, ont rendu leur cheik inflexible, et nous sommes rentrées « Gros-Jean comme devant. »

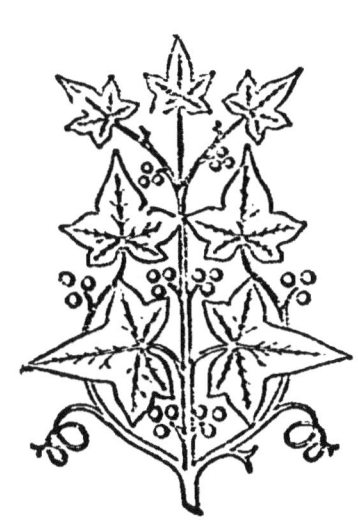

CHAPITRE NEUVIÈME.
Les Pyramides. — Encore Giseh.

Mardi 21 avril. — Il faut être sur pied avant cinq heures. Je sens un peu la fatigue, causée surtout par le manque de sommeil : le bruit est infernal toutes les nuits, et je ne puis fermer l'œil.

Le Pèlerinage se rend aux Pyramides. L'allée qui y conduit est ravissante et serpente à travers la plaine où Bonaparte défit les Mamelucks, le 21 juillet 1798. Ici, les souvenirs historiques se pressent en foule, plus nombreux encore que les traditions religieuses ; et quand, descendues de nos confortables landaus, nous marchons dans le sable pour atteindre ces majestueux monuments, mon cœur bat plus vite et je comprends mieux le « Souvenez-vous que, du haut de ces Pyramides, quarante siècles vous contemplent ! »

Malgré le vent, on dresse un autel au pied de *Chéops* ; la messe y est célébrée pour la première fois, et un *De profundis* récité pour nos soldats morts ici même. L'abbé Collot, missionnaire éloquent, commente avec bonheur le mot de Bossuet : « Dieu seul est grand ! » Que reste-t-il, en effet, des Pharaons qui ont fait construire ces gigantesques monuments ? Ils ne leur ont même pas servi de sépultures, et c'est à peine si l'histoire a conservé leurs noms.

Beaucoup de pèlerins, Mme de Goncourt est du nombre, font l'ascension de la grande Pyramide. Je reste prosaïquement à ses pieds, et je me contente d'aller voir le *Sphinx*, colossale représentation d'un lion à tête humaine, accroupi. Cet énorme monument mesure cinquante-sept mètres de longueur ; la face, du menton au sommet, en a neuf. Il a été sculpté sur place dans un bloc de rocher qui surgissait du sol.

Près de là, est le *Temple de granit*, ou Temple du Sphinx, très ensablé, comme le Sphinx lui-même. Je m'asseois au pied de la plus grande Pyramide, celle de Chéops, tout en contemplant les deux autres, *Chéfrem* et *Mycérinus*, qui, placées à égale distance, semblent les diminutifs gradués de la première. Celle-ci a, dit-on, cent quarante-six mètres d'élévation ; c'est plus de deux fois la hauteur des tours de Notre-Dame de Paris. La tour Eiffel n'est-elle pas encore plus haute ? Je le crois, mais je suis convaincue que le fer dont elle est formée ne durera pas autant que le granit des Pyramides. Nous avons la fièvre en ce siècle de vapeur ; nous faisons vite avant tout ; les Égyptiens ne se pressaient pas ; chaque Pharaon, en montant sur le trône, faisait construire son tombeau, et plus le règne se prolongeait, plus le monument prenait d'ampleur, si je puis m'exprimer ainsi. En effet, commencé par le centre, il se développait à la manière de l'aubier dans les arbres, recevant successivement les couches extérieures, épaisses de cinq à six mètres, que l'on y ajoutait, et qui augmentaient la grosseur et l'élévation de la Pyramide primitive.

Après l'ascension de Chéops, on visite les flancs du monstre, la Chambre de la Reine, etc, et l'on revient tous ensemble au palais de Giseh, où nous devons déjeuner. L'hôtel d'Orient a bien fait les choses : à travers des allées tournantes, bordées de fleurs, on nous conduit dans une grotte mystérieuse, où règne un demi-jour reposant, et où coule une eau rafraîchissante. Chacun s'assied comme il peut, qui sur un rocher, qui sur un banc rustique, où les œufs durs et la viande froide ont une saveur particulière.

Nous sommes dans le palais qu'a fait bâtir Ismaïl-Pacha, l'ancien khédive ; les boudoirs dorés succèdent aux escaliers de marbre ; c'est un vrai palais des *Mille et une Nuits*. Il a coûté quatre-vingt-deux millions ; mais le sultan, mécontent des dépenses folles de son vice-roi, l'a rappelé à Constantinople, où le pauvre Ismaïl ne peut se consoler de sa chute et des splendeurs perdues. Chaque bateau d'Alexandrie lui porte, dit-on, de l'eau du Nil : il n'en veut pas boire d'autre.

En entendant raconter cette histoire, je pense aux vicissitudes humaines ; le vieux distique du poète me revient en mémoire, et c'est sans jeu de mots que je murmure :

> Le bien de la fortune est un bien périssable,
> Quand on bâtit sur elle on bâtit sur le sable.

Nous revisitons le musée; je suis lasse, car, il faut l'avouer tout bas, je n'ai pas grand goût pour tous ces *dieux-bêtes ; Phtath* et son amie *Sacht*, à tête de chatte, Isis, Osiris, voire même les Apis, me laissent assez indifférente et ne m'empêchent pas de sentir la fatigue. Je rentre donc préparer le départ.

C'est demain matin que nous quittons le Caire ; je suis enchantée de connaître cette ville si curieuse, si différente de tout ce que j'ai vu jusqu'ici ; mais je n'aime pas ces Arabes criards et *piailleurs*, jamais satisfaits, quel que soit le backchiche qu'on leur donne.

Je laisse mes compagnes parcourir les rues, le soir, sous la conduite de Nasri Hava, et je jouis, tranquillement assise dans la cour de l'hôtel, d'une séance de prestidigitation que nous donne une vraie Égyptienne, d'une adresse prodigieuse.

CHAPITRE DIXIÈME.

Du Caire à Ismaïlia. — Canal de Suez. Port-Saïd.

Mercredi 22 avril. — Dès cinq heures et demie, munies de nos provisions, car on ne trouve rien sur la route que nous allons parcourir, nous gagnons la gare, où nos nouveaux amis du Caire nous attendent pour nous dire adieu : c'est le Frère Angelhem, à qui j'ai rappelé le pays natal ; c'est un curé maronite, qui nous donne du vin *d'or* du Liban ; c'est notre jeune interprète, qui espère nous revoir à Beyrouth (1); tous nous crient : Bon voyage ! La vapeur siffle, et nous traversons bientôt la terre de Gessen, où nous évoquons le souvenir de Jacob et de Joseph.

Sauf Zagazig, célèbre par ses momies de chats, les stations n'offrent aucun intérêt. Nous longeons le canal d'eau douce qui va du Caire à Ismaïlia et à Suez. A droite, les

---

1. Nous ne l'y avons pas revu ; mais, trois mois plus tard, y trouvant une lettre à mon adresse, il me l'a renvoyée avec un mot aimable, me prouvant ainsi qu'il ne nous avait pas oubliées.

terrains sont cultivés, animés ; à gauche, c'est le désert.

Enfin, à onze heures et demie, nous sommes à Ismaïlia, à cent cinquante kilomètres du Caire.

Cette ville, fondée en 1862, au moment du percement du canal, ressemble à un gracieux village de la banlieue de Paris. Nous la traversons rapidement, sous un soleil brûlant, pour nous embarquer sur deux petits bateaux à vapeur, qui nous rappellent les *mouches* de la Seine. Nous sommes un peu les uns sur les autres. C'est assise sur mon sac, près de la chaudière et luttant contre le vent, que j'écris à mes amis de France, et que je résume mes impressions sur l'Égypte : c'est un pays intéressant à tous les points de vue, et je suis très contente du petit séjour que nous y avons fait ; mais la Terre Sainte m'attire : j'ai soif de Nazareth, de Tibériade et de Jérusalem !

En attendant, je jouis de naviguer sur le canal de Suez, ce canal essentiellement français, qui est une merveille de notre époque et qui, depuis 1869, a ouvert au commerce un chemin si facile en rapprochant l'Europe des deux Indes.

Nous laissons derrière nous Suez, les lacs Amers et Timsah, où l'on pense que les Hébreux traversèrent la Mer rouge. Nous croisons de grands vaisseaux, près desquels le nôtre est un véritable pygmée. Tout à coup, un savant passager, directeur du *Cosmos*, m'appelle pour me faire jouir d'un effet de *mirage*. Sous le soleil, au delà d'une nappe d'eau, je crois apercevoir des arbres, des mâts de vaisseau.. : illusion ! tout disparaît en un instant, et je pense à nos pauvres soldats, mourant de soif dans le désert, et croyant voir sans cesse l'eau qui devait les désaltérer et qui fuyait devant eux.

La journée est longue. Il est huit heures quand nous atteignons Port-Saïd, où le *Poitou* nous attend ; nous y retrouvons nos places avec plaisir ; nous jouissons de la vue du port, très animé ; et laissant, pour cette fois, dormir le règlement, nous ne nous couchons qu'après minuit, et déjà en route pour Caïffa.

CHAPITRE ONZIÈME.
Caïffa. — Le Carmel.

Jeudi 23 avril. — La matinée est remplie par la fièvre des paquets. Il faut laisser nos malles sur le *Poitou*, et prendre dans nos bissacs et nos sacs de nuit ce qui nous sera nécessaire pendant nos chevauchées à travers la Galilée, la Samarie et la Judée. C'est un adieu que nous disons à ce paquebot où nous avons goûté de si douces émotions. Si tout marche selon nos désirs, nous ne reviendrons pas à son bord, et comme l'inconnu me fait toujours peur, je regrette presque de penser que nos places y resteront vides.

Il est midi quand nous jetons l'ancre devant Caïffa. Il n'y a pas de port ; le débarquement est long et pas toujours facile. Nous sommes privilégiées, Mme de Goncourt et moi, car un jeune Maronite, Joseph Couri, à la famille duquel elle est recommandée, vient nous chercher dans sa barque, qui file comme le vent. Bientôt nous posons le pied sur cette Terre sainte entre toutes, et nous en baisons le sol pour gagner l'indulgence plénière.

Si les merveilles de l'Égypte ne m'ont pas laissée froide, quelle impression différente et plus chaude me donne cette pensée que je suis en Asie, en Terre Sainte!!... que je vais parcourir les lieux sanctifiés par le passage de Notre-Seigneur!!!... L'émotion me cause une sorte d'ahurissement, qu'augmentent encore les souhaits de bienvenue qu'on nous adresse de tous côtés. Mme de Goncourt est fort entourée *et son inséparable* l'est aussi, car, en Orient plus que partout ailleurs, « les amis » de nos amis sont nos amis. »

Le Père Doumani, vicaire-général de son oncle, l'évêque de Saint-Jean d'Acre, est venu au-devant de nous, avec le curé maronite de Nazareth, l'abbé Dahdah, pour lequel j'ai une commission de ma chère Sœur Marie-Félix ; puis, Monseigneur Géraïgiry a envoyé à notre rencontre le curé de Gédaïdat et un Français, Mr L..., habitant de ce pays ; ces Messieurs vont faire le Pèlerinage, et nous escorteront ensuite jusque chez Monseigneur de Panéas, à qui nous conduisons Melle X, qui espère se consacrer aux œuvres d'Orient.

On fait ou on renouvelle connaissance. La famille Couri veut nous avoir sous son toit cette nuit ; Mme de Goncourt cède à leurs instances ; mais moi, qui n'ai pas encore fait le Pèlerinage, je résiste et prends mon rang dans la procession qui s'organise pour monter au Carmel.

Le sentier est ravissant, bordé de plantes qui embaument. Mme d'Avesnes porte notre drapeau du Sacré-Cœur ; nous disons le Rosaire entier, entremêlé de chants de cantiques, et la route ne paraît pas longue, quoiqu'il nous faille plus d'une heure pour arriver aux pieds de Notre-Dame du Mont Carmel, où nous recevons la bénédiction du Saint-Sacrement.

Pendant le trajet, le Père Alfred a distribué les billets de logement ; je suis dans le couvent ; notre chambre contient quatre lits, et la vue sur la mer est splendide ; mais je n'ai pas le loisir d'admirer, car on sonne le dîner. Une immense tente nous réunit pour la première fois : les timbales et les couverts en fer blanc nous donnent un avant-goût de la Samarie. Le Père Bailly nous lit deux lettres qu'il a reçues du consul général de France et du vicaire custodial ; partout on nous attend, partout on nous souhaite la bienvenue. La lune semble en faire autant ; elle brille d'un éclat tout particulier et donne un charme inexprimable à la rêverie sur ce plateau du Carmel, d'où nous voyons le *Poitou* embrasé de feux de bengale qui se reflètent dans les eaux. C'est dommage d'être obligée de dormir !

Vendredi 24 avril. — On dort bien, mais on dort peu quand on a beaucoup à voir. J'assiste à une messe matinale, pour retourner ensuite, avec Mme de Goncourt, qui est venue nous rejoindre, à la messe pontificale, que célèbre Monseigneur de Tulle, et à la messe de *Requiem*, dite au pied de l'obélisque élevé à nos soldats massacrés ici en 1799.

Pendant que beaucoup explorent les environs, je me recueille et j'examine le monastère, grand monument carré, aux murailles épaisses, aux fenêtres garnies de barres de fer ; il est de construction récente (1827) ; l'église a été terminée en 1836 ; elle en occupe le centre ;

sa coupole et son clocher en dominent les toits plats ; il n'y a pas de bas-côtés. Un magnifique escalier en marbre blanc conduit au maître-autel, sous lequel est la *grotte d'Élie*, creusée dans le rocher. C'est là que le prophète se cachait pour fuir les persécutions de Jézabel. Les musulmans eux-mêmes y viennent en Pèlerinage.

Après le dîner de midi, il faut choisir nos chevaux. Chacun tire un numéro d'ordre : j'ai le numéro *sept !* Si j'étais superstitieuse, je penserais que le 7 mai a été le jour de la mort de ma mère, ou bien que le 7 est un nombre saint dans l'Écriture : les sept jours de la création, les sept branches des chandeliers du Temple, les sept Sacrements, les sept péchés capitaux, etc., etc. ; mais, sans m'arrêter à ces enfantillages, je prends le cheval qu'on m'amène, me confiant en DIEU, qui sait mieux que moi ce qu'il me faut. Je caresse cet animal qui va me porter pendant tant de jours ; j'inscris son numéro pour le retrouver demain matin ; et, au lieu de courir par les rochers, je viens m'asseoir sur la terrasse, en face de Saint-Jean d'Acre, ayant à mes pieds Caïffa et la mer ; c'est un coup d'œil enchanteur ! je voudrais près de moi tous ceux que j'aime ! Mon regard les cherche vers l'Occident, et les voit à travers l'espace. Oh ! comme je prie pour eux pendant le salut, au pied de la belle statue de Notre-Dame du Mont Carmel ! Comme je sens qu'ils prient pour moi et que nos cœurs sont unis malgré la distance ! « Je » n'ai jamais mieux compris que par l'absence » les charmes les plus précieux de l'amitié. »

Le dîner comme hier, un dernier adieu au clair de lune, et c'est tout ! On voudrait arrêter les heures, et les hâter aussi pour arriver plus vite à Jérusalem.

CHAPITRE DOUZIÈME.
Départ du Carmel. — Séjour à Nazareth.

SAMEDI 25 AVRIL. — Malgré toute ma confiance, je ne puis m'empêcher d'avoir une certaine appréhension sur cette première journée de cheval, et je dors peu, ce qui me permet d'être debout dès quatre heures. Il faut entendre la messe, déjeuner à la galope, fermer son sac et arriver au rendez-vous de son groupe, car ici nous nous divisons : il y a ceux qui vont seulement à Nazareth en voiture, ceux qui vont à Tibériade et reviennent s'embarquer à Caïffa, ceux qui, comme moi, traverseront toute la Samarie. Ce qui m'ennuie, c'est que ma chère compagne, qui a déjà fait le Pèlerinage, est du groupe de Tibériade et n'a pas la permission de quitter le Carmel avec moi ; nous nous retrouverons plus tard, mais, pour mon apprentissage, j'aurais aimé à l'avoir à mes côtés. Enfin, il faut bien faire un peu pénitence !

Au moment où j'allais monter mon cheval, dont la figure bon enfant me plaisait, le comte de Piellat, l'infatigable pionnier qui consacre sa fortune et sa vie aux œuvres de Terre Sainte, l'examine, l'essaie, et m'en fait donner un autre, parce que le premier n'avait pas les jambes sûres ! et mon anxiété augmente encore.

Les dames sont nombreuses cette année pour la Samarie : vingt-cinq environ. Le Cte de B. est notre chef laïque, et tient en main le drapeau blanc qui nous « ralliera au chemin du devoir ». Le Père Norguez, de Lourdes, est notre aumônier.

A six heures, nous sommes tous en route : un *De profundis* nous met sous la protection des âmes du Purgatoire. Tout en admirant la belle nature, nous disons nos chapelets, entremêlés de cantiques. Nous voyons le Mont du sacrifice d'Élie ; nous passons près de haies de cactus, qui amènent un sourire sur mes lèvres en me faisant penser à ceux de ma petite serre, si chétifs en comparaison. Nous traversons le Cison, où l'eau est encore abondante, chose rare à cette époque de l'année ; et, vers midi, nous faisons halte sous des chênes verts pour y prendre notre repas. Je ne suis pas trop lasse, mais quelle soif ! elle me fait songer à celle de Notre-Seigneur sur la Croix.

Mme de Goncourt nous rejoint ; nous admirons ensemble les fleurs, camomilles, bluets, etc., qui poussent partout. La Galilée est la vraie Terre promise dont la fertilité est devenue proverbiale. On nous engage à faire la sieste, étendues sur l'herbe ; mais je ne puis dormir en plein jour ; j'aime mieux penser aux chers absents.

A une heure et demie, nous remontons à cheval ; le mien me fatigue, car il n'avance pas, et je suis obligée de beaucoup trotter pour regagner mon rang. J'ai pris, au Carmel, un petit *moukre* nommé Salibas, qui soigne mon cheval et le tient par la bride dans les endroits difficiles. C'est un catholique, comme il me l'a prouvé par la croix tatouée sur ses poignets. Le tatouage est de mode dans ces pays et nous en verrons fréquemment.

Le trot très dur, et dont je n'ai pas l'habitude, me cause dans le dos une vive douleur, et, malgré les beautés du chemin, la route me semble longue. Il est près de six heures et demie quand nous faisons notre entrée dans Nazareth. La procession se forme immédiatement et nous arrivons en bon ordre dans l'église de l'Annonciation ; là, je tombe à genoux en pensant au grand mystère qui s'est accompli *ici* même ; mais je suis si lasse que *la bête* l'emporte, et je ne jouis pas, comme je le ferais sans cela, du bonheur d'être à Nazareth. Mon pliant est aux bagages ; c'est donc à genoux, ou assise par terre, comme les femmes du pays, que j'assiste au salut, passivement, sans avoir presque la force de prier.

Le dîner, sous la grande tente, me réconforte un peu ; mais avec quelles délices je m'étends sur mon petit lit de camp ! Nous sommes quatre dans notre tente : M^{elles} de B..., de la B..., D.... et moi. C'est moi le mentor de ces charmantes jeunes filles, pour qui j'éprouve chaque jour plus de sympathie.

Nous avons des armes pour nous défendre : Melle de la B... a un petit revolver microscopique, et MM. de B..., nos chefs de groupe, apportent à leur sœur, chaque soir, un énorme revolver, qui n'est pas un joujou, celui-là ! Il me fait peur rien qu'à le regarder.

Nazareth. (D'après Mme de Goncourt.)

J'ai une lettre en arrivant ici ; on me l'a remise pendant la procession, mais je n'en ai vraiment joui que plus tard ; tant il est vrai que le corps influe sur l'esprit et le cœur.

DIMANCHE 26 AVRIL. Un jour de repos à Nazareth, la *ville des fleurs*, cela semble bon. La matinée se passe à l'église, enclavée dans la propriété des Franciscains, à l'endroit même où se trouvait la maison de la Sainte Vierge, qui fut transportée à Lorette, en 1294, après avoir été enlevée de Nazareth, en 1291, et dont les fondements subsistent sous le sanctuaire actuel.

Je ne sens plus la fatigue causée par cette première et longue journée à cheval, et je jouis de tout.

Comme l'on dit bien ses *Ave Maria* dans ce lieu où l'Ange salua la Vierge Marie ! comme on reconstitue facilement la grande scène de l'Annonciation ! En entrant dans l'église, on voit devant soi un escalier en marbre blanc qui conduit à la grotte bénie ; à la quinzième marche, c'est la chapelle de l'Ange sur l'emplacement de la *Santa Casa ;* deux autels y sont élevés : à droite, à saint

Joachim et sainte Anne, à gauche, à l'archange Gabriel. Entre ces deux autels, un passage, deux marches à descendre, et l'on est dans la sainte grotte où, selon la tradition, se tenait Marie quand l'Ange lui apparut. Au fond, l'autel, surmonté d'un tableau qui représente l'Annonciation ; sous l'autel, une plaque de marbre avec ces mots : *Hic Verbum caro factum est !* Des lampes y brûlent perpétuellement.

A gauche, un fût de colonne en granit marque l'endroit où était Marie pendant son colloque avec le messager divin. C'est ici le véritable sanctuaire de l'*Ave Maria*, c'est ici que l'*Angelus* a été dit pour la première fois. N'est-ce pas le lieu de se souvenir que le Pape Urbain II, qui présida le concile de Clermont en 1095, ordonna que, pendant la Croisade, le soir et le matin, trois coups de cloche, dans toutes les églises, inviteraient les fidèles à réciter trois fois l'*Ave Maria ?* Plus tard, en 1455, le Pape Calixte III établit l'usage de sonner à midi comme le matin et le soir. De nombreuses indulgences furent attachées à cette pieuse coutume, qui s'est perpétuée de siècle en siècle. Quant à l'auteur des paroles qui précèdent les trois *Ave Maria*, on ne le connaît pas plus que celui de l'Imitation de Jésus-Christ.

Pendant notre séjour à Nazareth, le *Regina Cœli* remplace l'*Angelus*, car nous sommes dans le temps pascal, et nous nous réjouissons avec les anges de ce que le mystère annoncé s'est accompli.

Dans cette grotte bénie, éclairée seulement par les lampes et les cierges, on prie facilement, et dans la Communion on demande au Seigneur Jésus de s'incarner en nous comme en la Vierge sainte, et de nous transformer, de nous changer, afin que nous puissions dire comme saint Paul : « Ce n'est plus moi qui » vis, c'est Jésus-Christ qui vit en moi. » Je me souviens encore que mon illustre patron, saint Louis, eut le bonheur de communier ici, en 1252 ; je pense aussi à cette copie de la *Santa Casa* que nous possédons à Liesse (1) et que j'ai visitée tant de fois ; mon cœur s'en-

---

(1) N.-D. de Liesse, célèbre Pèlerinage dans le département de l'Aisne.

vole vers la France, et je voudrais auprès de moi dans ce sanctuaire béni tous ceux que j'y ai laissés et qui pensent à moi devant Dieu !

La matinée passe vite ; ce n'est qu'après le déjeuner que je puis retourner seule dans l'église pour la voir plus à loisir. Outre la crypte, où j'ai passé de si bons moments, il y a l'église proprement dite, qui se compose de trois nefs, puis l'église supérieure, qui comprend le chœur et le maître-autel.

La procession s'organise à deux heures ; nous parcourons toute la ville, aux rues étroites, mais assez bien pavées ; les hommes, les femmes, les enfants, sont groupés sur notre passage, et rien ne peut rendre l'effet pittoresque de tous ces costumes bariolés, aux couleurs éclatantes qui, sous ce soleil d'orient, prennent des teintes dont nous n'avons pas l'idée. Les hommes sont vêtus de la longue robe, ouverte par devant et retenue par une large ceinture ; ils sont coiffés du turban ; les femmes ont, sur leurs pantalons bouffants et serrés à la cheville, une robe ouverte sur la poitrine et sur les côtés, et souvent un cachemire leur serre la taille ; leurs cheveux nattés sont garnis de pièces de monnaie et de rubans. Beaucoup portent une cruche sur l'épaule; elles viennent de puiser de l'eau à la fontaine de la Sainte Vierge, où nous nous arrêtons pour boire aussi de cette eau, et où Nos Seigneurs les évêques donnent ensemble la bénédiction ; puis nous passons dans l'église des Grecs schismatiques, où se trouve la source qui alimente cette fontaine. Nous voyons la chapelle bâtie sur l'emplacement de l'atelier de saint Joseph ; — l'église des Grecs unis, à la place de l'ancienne synagogue, d'où fut chassé Notre-Seigneur ; un peu plus loin, la *Mensa Christi*, enfermée dans une petite chapelle franciscaine, et ainsi nommée parce que, d'après la tradition, Notre-Seigneur Jésus-Christ aurait fait sur ce bloc de rocher, qui servait de table, un repas avec ses disciples après sa Résurrection. Cette pierre est de forme irrégulière, d'un mètre de hauteur sur trois de largeur. Nous pouvons y gagner des indulgences, au moins partielles, comme dans tous les lieux saints que nous vénérons.

Après le Salut, nous faisons une visite au

curé maronite qui nous avait souhaité la bienvenue à Caïffa, — aux Sœurs de Saint-Joseph, toujours si dévouées pour les Pèlerins ; puis on dîne, et l'on rentre sous sa tente en pensant à la rude journée du lendemain. En effet, l'itinéraire est changé : pour éviter trop de fatigue, le Père directeur avait décidé que le Thabor se ferait dans une excursion spéciale ; mais le drogman en chef, l'illustre Morcos, à l'air sournois, réclame pour cela une somme fabuleuse (quatre mille francs, je crois), et l'on s'en remet à la Providence, qui gardera les Pèlerins et leur permettra d'atteindre Tibériade sans accident, tout en ayant fait halte au Thabor.

CHAPITRE TREIZIÈME.
Le Thabor. — Tibériade.

Lundi 27 avril. — Ibrahim, le drogman du groupe des dames, me donne un nouveau cheval, qui marche mieux et trotte plus facilement ; je pars avec confiance, secouant mes appréhensions et répétant sans cesse avec saint Augustin : « Mon Dieu, je me jette » dans vos bras ; vous ne les retirerez pas pour » me laisser tomber. »

Il est six heures notre drapeau blanc est en avant ; nous le suivons en bon ordre, et nous apercevons bientôt la montagne sainte, ce qui redouble notre courage. On passe à Dabourieh, où la prophétesse Débora rendait la justice sous un palmier ; c'est là que les neuf apôtres qui n'étaient pas admis au spectacle de la Transfiguration, attendirent Jésus, et essayèrent vainement de délivrer un enfant possédé d'un démon muet. C'est alors que commence l'ascension du Thabor, à travers des chemins rocailleux et d'épais taillis. De grandes dalles de pierre n'arrêtent pas nos chevaux, qui gravissent courageusement ces escaliers rustiques ; nous nous tenons souvent à leur crinière, selon le conseil de M. de Piellat, et nous arrivons sans accident et sans fatigue auprès des anciennes fortifications qui entourent le Thabor. *Deo gratias !* ma confiance a été justifiée et s'augmente d'autant.

Je jouis donc pleinement de ce lieu où JÉSUS s'est montré dans un rayon de sa gloire.. On dit la messe à l'endroit même où le Sauveur s'est transfiguré, et, comme saint Pierre, je répète : « Seigneur, il fait bon d'être ici. » Oui, il ferait bon y dresser sa tente, y méditer à loisir cet Évangile dont on nous fait la lecture ; contempler sans se presser cet horizon splendide qui s'étend au nord sur les champs d'Hattin, la plaine de Zabulon, la mer de Tibériade ; au sud, sur les collines de Gelboé, la plaine d'Esdrelon ; à l'ouest, sur le Carmel et la Méditerranée ; à l'est, sur l'Anti-Liban et le grand Hermon couvert de neige.

Mais on nous presse, car l'étape sera longue et difficile ; et, à midi, après un déjeuner sommaire, nous nous arrachons de ces ruines où l'on voudrait vivre. On ne nous permet pas de descendre à cheval ; j'aurais aimé à désobéir, car mes jambes ne sont pas solides ; mais ce serait d'un mauvais exemple, et j'accepte la pénitence qu'un directeur trop prudent nous impose. Salibas conduit ma monture, et, dans les passages par trop difficiles, Mr de B... vient à mon secours ; si bien que, sans encombre, mais fort essoufflée, j'atteins le bas de la montagne, heureuse de me reposer à califourchon.

Aujourd'hui, le cheval ne me fatigue plus, et c'est sans préoccupation aucune que j'examine la route. Nous passons tout près d'un ancien Khan où se tenait jadis un marché célèbre ; on rencontre des bédouins armés de longues piques ; leurs tentes noires *(gourbis)* sont en peaux de chèvres ou de chameaux ; ils nous regardent avec curiosité et nous leur rendons la pareille. Nous traversons l'Ouadi-Besoum, une des plus fertiles vallées de la Galilée, et, vers six heures, nous apercevons Tibériade : le lac est à nos pieds, le soleil sur son déclin y répand une teinte douce et lumineuse ; le ciel a des reflets roses ; une brume mystérieuse borde l'horizon : il me semble voir Notre-Seigneur marchant sur les eaux ! Je ne trouve pas d'expressions pour rendre ce que j'éprouvai alors, et, n'en déplaise à Boileau, je ne suis pas de l'avis que les mots arrivent toujours aisément pour peindre ce que l'on conçoit bien. Je désirais ardemment voir Tibériade et son lac ; c'était pour moi un rêve, un idéal : la réalité l'a dépassé de beaucoup !

Après une contemplation de quelques minutes, nous commençons la descente parfois dangereuse à travers des rochers basaltiques ; mais la joie d'arriver l'emporte sur la fatigue ; et quand, au bout d'une heure, nous mettons pied à terre, nous nous redressons, comme nous l'avait recommandé gaîment le P. Bailly, et nous marchons fièrement et la tête haute pour traverser toute la ville, et montrer aux musulmans étonnés que nous sommes « catholiques et français », ce qui veut dire prêts à tout braver pour notre Foi et pour notre Patrie.

Nous arrivons ainsi à l'église latine bâtie à l'endroit même où, après sa résurrection et la pêche miraculeuse, Notre-Seigneur, ayant mangé avec ses disciples, dit à Simon-Pierre :

« Simon, fils de Jean, m'aimes-tu plus que
» ceux-ci ? » Simon répondit : « Oui, Seigneur,
» vous savez que je vous aime. » Jésus lui dit :
« Pais mes agneaux. » Il lui dit de nouveau :
« Simon, m'aimes-tu ? » Il lui répondit : « Oui,
» Seigneur, vous savez que je vous aime. »
Jésus lui dit : « Pais mes agneaux. » Il lui dit
une troisième fois : « Simon, fils de Jean,
» m'aimes-tu ? » Pierre fut contristé et lui
répondit : « *Tu scis, Domine, quia amo te,* —
» Seigneur, vous qui savez toute chose, vous
» savez que je vous aime. » Jésus lui dit :
« Pais mes brebis, » etc. (St Jean, XXI, 15 à
18.) Et nous sommes là, aujourd'hui, les
agneaux avec les brebis et les pasteurs, et nous
chantons un grand nombre de fois le « *Tu es*
» *Petrus* » au pied de la grande statue de saint
Pierre, donnée par les Pèlerins de 1883. Oh !
devant ces grands souvenirs, le cœur se dilate,
et, plus que jamais, on voudrait faire partager
son bonheur à tous ceux que l'on a quittés et
dont la pensée nous suit partout.

CHAPITRE QUATORZIÈME.
Le lac de Tibériade. — Capharnaüm.

Mardi 28 avril. — La nuit a été mauvaise : chaleur accablante, suivie d'une humidité pénétrante; les chiens et les chacals nous empêchent de dormir ; et puis, la joie d'être à Tibériade me tient éveillée.

Après la messe de Monseigneur Koppès, nous visitons la ville, sale et peu intéressante ; elle compte environ 6.000 habitants, dont plus de 5.000 Juifs, reconnaissables à leurs toques de fourrure, malgré la température toujours très élevée (soixante degrés parfois !)

On déjeune de bonne heure, et, à midi, je prends place, avec Mme d'Avesnes, dans un des bateaux qui se dirigent vers Capharnaüm. Mmes de Goncourt et de L.... sont parties à cheval et doivent nous remplacer au retour.

Me voici donc sur ce lac si plein des souvenirs de Notre-Seigneur, et me demandant si je ne rêve pas tout éveillée ? Nous glissons sur les eaux limpides où JÉSUS a marché ; où

Tibériade. (D'après Mme de Goncourt.)

saint Pierre, venu à lui, enfonça pour un simple manque de confiance ; où la pêche miraculeuse attesta la puissance du Sauveur. Nous sommes vraiment dans le pays de l'Évangile ; il est vécu à chaque pas comme à chaque coup de rame.

Le lac de Tibériade, mer de Génésareth ou de Galilée, a environ vingt-et-un kilomètres de longueur sur huit ou dix de largeur ; son niveau est de deux cent trente mètres au-dessous de la Méditerranée ; c'est pourquoi il y fait généralement aussi chaud que sur les bords de la mer Morte ; mais cette chaleur ne m'accable pas ; je plonge mes mains avec délices dans l'eau du lac et je suis trop heureuse pour souffrir de quoi que ce soit.

Nous apercevons sur notre gauche un palmier au milieu de quelques misérables huttes : c'est *Magdala*, la patrie de Marie-Madeleine ; — plus loin, *Bethsaïda*, patrie d'André, de Pierre et de Philippe, et une des trois villes maudites par Notre-Seigneur.

Enfin le bateau s'arrête dans une petite anse, et des Arabes, à peine vêtus, viennent nous prendre dans leurs bras pour nous porter jusqu'au rivage, dont la barque ne peut approcher. Nous mettons pied à terre au milieu de lauriers-roses en pleines fleurs : c'est un paradis terrestre. Mais, hélas ! le tableau change vite : nous suivons un sentier à peine frayé dans les ronces et les chardons ; ces derniers atteignent une hauteur phénoménale : je m'y cacherais sans me baisser ! Plus loin, voici des pierres noircies, calcinées, on dirait que l'incendie a tout ravagé : c'est Capharnaüm ! la ville qui, possédant le Sauveur, l'a rejeté et est devenue l'abomination de la désolation ! Rien de plus triste que ces ruines : quelques fûts de colonnes, quelques sculptures au milieu des broussailles ; voilà ce qui reste de ce pays où JÉSUS guérit le paralytique, le serviteur du centurion, la belle-mère de saint Pierre, etc. Comment ne pas se rappeler ici les reproches de Notre-Seigneur aux villes dans lesquelles il avait opéré tant de miracles : « Malheur à toi, » Corozaïn ! malheur à toi, Bethsaïde ! car si » les miracles qui ont été faits au milieu de » vous avaient été faits dans Tyr et Sidon, » elles auraient fait pénitence sous le cilice et » sous la cendre. Aussi, je vous le dis, pour

» Tyr et pour Sidon il y aura plus de rémis-
» sion au jour du jugement que pour vous. —
» Et toi, Capharnaüm, est-ce jusqu'au ciel
» que tu t'élèveras ? Tu descendras jusqu'aux
» enfers, parce que si dans Sodome avaient
» été faits les miracles qui ont été faits au
» milieu de toi, elle aurait peut-être subsisté
» jusqu'à ce jour. Bien plus, je te dis que, pour
» le pays de Sodome, il y aura, au jour du
» jugement, plus de rémission que pour toi. »

Comment ne pas trembler à ce souvenir ? comment ne pas demander à Dieu d'être plus indulgent pour nous que pour les villes maudites ? Hélas ! que de grâces nous avons reçues, nous aussi, et dont nous n'avons pas profité ! Que de grâces dont nous avons abusé ! Ah ! que du moins cette immense grâce du Pèlerinage en Terre Sainte ne soit pas infructueuse ; faites, ô Seigneur Jésus, que nous revenions en France plus zélés, plus fervents, et que toute notre vie soit marquée par la reconnaissance pour tant de bienfaits dont vous nous avez comblés.

Pendant que je me plonge dans ces réflexions, les cavaliers nous rejoignent ; on doit changer de moyen de transport, et qui a été en bateau reviendra à cheval ; c'est l'ordre. Mais en Palestine, comme ailleurs, il est avec le Ciel des accommodements : je me suis si bien plu en bateau que je laisse mon cheval à Salibas, et, ayant pour excuse que la bride est cassée et que je crains un accident, je remonte en barque, sans billet cette fois ! Une discussion animée s'engage entre les bateliers et moi ; ils ne comprennent pas le français ; je n'entends pas un mot d'arabe, mais je vois très bien qu'ils veulent me faire descendre parce que je n'ai pas de « ticket » (l'anglais est à l'ordre du jour) ; or, j'y suis, je veux y rester ; mon porte-monnaie ouvert a un langage plus clair que tous les autres, et je m'installe, en me carrant, à la place que j'ai si bien payée ! Mme de Goncourt est près de moi, puis le P. Dominicain ; nous causons, nous chantons le cantique : « Le doux JÉSUS marchait sur l'eau, vogue en paix, mon petit bateau ; » nous récitons le chapelet, et voilà que la mer grossit et que nous avons un aperçu des tempêtes de Génésareth ; ce n'est pas une vraie tempête, mais le vent est contraire ; nous avançons difficilement ; le lac, si paisible le matin, forme des vagues écumantes, et une des passagères prend la chose au tragique, pleure, se lamente et veut qu'on la descende sur la rive ; nous la rassurons de notre mieux sans y parvenir. Mme de Goncourt rappelle alors à cette jeune fille qu'elle a dû faire comme nous le sacrifice de sa vie, et sa réponse exclamative : « Sapristi, non ! je ne l'ai pas fait ! j'ai en » France quelqu'un à qui je tiens trop pour » cela ! » amène le sourire sur nos lèvres.

Heureusement le vent que nous avions *debout* tourne et nous pousse à toutes voiles, si bien que nous rentrons à Tibériade assez tôt pour assister au Salut.

Et voilà cette journée finie, à mon grand regret : les choses qui plaisent durent toujours trop peu ! Demain, nous allons commencer la traversée de la Samarie, pénible au dire de tous, mais que je tiens à entreprendre, désirant faire mon Pèlerinage aussi complet que possible. Jérusalem est au bout, et cette pensée me donnera des forces.

CHAPITRE QUINZIÈME.

Départ de Tibériade. — Cana. — Retour à Nazareth.

Mercredi 29 avril. — Décidément, on dort mal sous la tente, puis la peur de ne pas s'éveiller rend encore le sommeil moins lourd. La messe est à six heures et demie, et à huit heures nous disions adieu à ce beau lac qui restera à jamais gravé dans mon souvenir. Nous ne retournons pas à Nazareth par le même chemin ; nous traversons la plaine d'Hattin, tristement célèbre par la défaite des Croisés en 1187, qui amena la fin du royaume latin de Jérusalem ; c'est en ce lieu que la tradition place la deuxième Multiplication des pains : sept pains et quelques poissons ont nourri quatre mille hommes, sans compter les femmes et les enfants, — figure de l'Eucharistie, ce pain du Ciel qui se multiplie sans cesse pour nous ! Le lieu du miracle s'appelle *Mensa Christi* ou Table du Christ ; on le reconnaît à de gros rochers noirs.

Sur la droite, s'élève le mont des Béatitudes (les Cornes d'Hattin, comme l'appellent les indigènes). C'est là que le Sauveur prononça l'admirable sermon sur la montagne, où il nous donne si bien le moyen d'être heureux, et enseigna le *Pater* à ses disciples.

Notre campement, ou plutôt notre halte de midi, se fait sous des oliviers qui nous donnent un doux ombrage, près de Loubieh, où Junot, en 1799, fut attaqué par les Mamelucks, se défendit avec vaillance, et laissa à Kléber le temps d'arriver et de repousser les ennemis. C'était cinq jours avant la bataille du mont Thabor.

Nous traversons le champ des Épis, où les disciples, pressés par la faim, égrenèrent quelques épis pour les manger, ce qui scandalisa fort les Pharisiens, car « c'était, dit l'Évangile, un jour de Sabbat. »

Enfin, nous arrivons sans fatigue à Cana, où tout le groupe resté à Nazareth vient au-devant de nous. Après le Salut dans l'église des Franciscains, les bons Pères nous offrent à pleins verres un vin doré excellent, mais que je trouve trop capiteux pour le boire pur ; si bien qu'un plaisant me reproche de faire le contraire de Notre-Seigneur, puisque je change le vin en eau. — Il ne reste plus rien de la maison de Simon, où eut lieu le miracle.

Après un court repos au milieu des fleurs du couvent, nous reprenons nos rangs, et, par un chemin pierreux mais ravissant, bordé de chênes verts, de cactus, etc., nous rejoignons Nazareth, où nos tentes sont dressées, et où tous nous dinons ensemble pour la dernière fois avant Jérusalem. Ce dîner est fort gai, et, au dessert, le P. Marie-Jules nous chante une délicieuse poésie de sa composition sur Nazareth, « qu'à bon droit on appelle Ville des Fleurs. » On chante aussi Notre-Dame de la Garde, la Traversée, le Mal de mer, etc., et la soirée passe trop vite au gré de tous. — Je ne puis résister au désir de transcrire ici les *Commandements à l'usage des Samaritains*, composés par M. V. Tréca, notre aimable vis-à-vis à la table du *Poitou*.

>Du grand Morcos tu subiras
>Le paternel commandement.
>De bon matin te lèveras,
>Quittant la tente lestement.
>Un café trouble absorberas,

S'il le faut même en te brûlant.
De bonne humeur tu garniras
Sac et valise abondamment.
Et puis, après, tu partiras
Le cœur léger, le nez au vent.
Chemin faisant réciteras
Le chapelet dévotement.
Gués du Cison tu franchiras,
Sans te salir naturellement.
Un temps de trot tu piqueras
Pour conquérir le premier rang.
Des deux genoux tu presseras
De ton coursier le noble flanc.
A ton moukre tu promettras,
Mais tiendras ultérieurement.
Au directeur obéiras :
N'en as-tu pas fait le serment ?
Hélas ! ami, tu peineras ;
Eh bien ! peinons, mais en riant.
Ton équilibre tu perdras :
Regagne-le, même en tombant.
Lorsqu'à l'étape arriveras,
Ne bois pas d'eau, c'est imprudent.
Quelques œufs durs absorberas,
D'un doux nectar les arrosant.
Os de poulets tu rongeras,
Si c'est possible, proprement.
De bière chaude t'abstiendras,
C'est tout au moins mon sentiment.

Au coup de trompe enfourcheras
Ton fier coursier, à l'œil ardent.
Le bon Docteur écouteras,
Sœur Camomille (1) également.
Sur la dure tu coucheras,
Les poings fermés, tout en ronflant.
Ainsi faisant, tu gagneras
Jérusalem prochainement.
S'il faut souffrir, tu souffriras ;
Avant le Ciel, c'est le tourment.
Courage donc !... arriveras
Au noble port exactement.
Par la souffrance épureras
Ton corps de fange sûrement,
Et par là même gagneras
Le Paradis certainement.

(1) Surnom de la Sœur Joséphine, qui prépare le camomille pour les Pèlerins.

CHAPITRE SEIZIÈME.
Départ de Nazareth. — Naïm. — Djennine.

Jeudi 30 avril. — Après la messe de Monseigneur Koppès, je dis un dernier adieu à la Grotte de l'Annonciation, un au revoir à ma chère compagne, qui regrette de nous quitter (1), et, dès sept heures, je suis à cheval, un peu nerveuse, un peu craintive sur les dangers de la Samarie.

Monseigneur de Luxembourg ouvre la marche ; nous traversons le Cison, que nous avions déjà passé samedi dernier ; mais cette fois c'est près de l'endroit où Débora chanta son cantique après sa victoire sur Sisara.

Nous sommes à Naïm vers neuf heures et demie, et nous entendons la messe au lieu même de la résurrection du fils de la veuve, dans une petite chapelle, où je me sens bien lasse. On y manque d'air et je suis tout abêtie ; j'ai besoin que le souffle du Seigneur me ressuscite et me rende vigueur et énergie. Au

---

(1) Mme de Goncourt, ayant fait la Samarie il y a quatre ans, gagnait directement Jérusalem.

lieu de déjeuner dehors, nous sommes parqués dans une grande salle où la chaleur est étouffante, et c'est avec plaisir que nous entendons sonner le départ, à midi et demi.

La route est longue et ennuyeuse. Le vent du désert, ce *kamsin* dont on nous avait parlé, souffle et nous énerve tout en nous endormant. Nous sommes cependant en pleins souvenirs bibliques. Voici Sunam, où Élie ressuscite le fils de la femme généreuse qui lui donne l'hospitalité ; — les montagnes de Gelboé, célèbres par la défaite et la mort de Saül ; — la source d'Aïn-Djaloud, où Gédéon fit boire ses soldats ; — Zéraïn, l'ancienne Jezraël, où une halte en plein soleil ne nous repose pas ; l'histoire de Naboth et de sa vigne, dont on nous montre l'emplacement, et le souvenir de l'impie Jézabel nous remettent en mémoire les beaux vers de Racine, mais sans nous tirer tout à fait de notre somnolence; Mme de L..., qui veille presque toutes les nuits, s'endort sur son cheval ; je la vois faire le pendule à droite, à gauche, en avant, en arrière, et cela me console de mon engourdissement, dont ne me tire même pas la rencontre d'une bande d'Anglais conduits par Cook, et qui font, en sens inverse, le même trajet que nous ; du reste, ces pauvres touristes ont encore l'air d'être plus fatigués que les Pèlerins.

Enfin, vers six heures, nous sommes à Djennine, où Notre-Seigneur guérit les dix lépreux. A peine a-t-on trouvé sa tente, que l'on dresse un autel pour l'ouverture du mois de Marie ; et, après le dîner, auquel le P. Marie-Jules nous récrée par un air de chasse délicieux, nous avons le Salut et quelques mots très-bien dits, par le P. Norguez, sur les gloires de Marie.

Djennine est une ville essentiellement musulmane ; il n'y a que trois familles catholiques ; — un des Musulmans qui assiste, sans que nous le sachions, à notre cérémonie, envoie le lendemain au P. Bailly un lettre curieuse, où il demande de prier DIEU pour le sultan.

Cette journée pénible finit bien ; nous avons pris, comme tous les soirs en descendant de cheval, une tasse de camomille préparée par la Sœur Joséphine ; nous aimerions mieux un verre de limonade glacée..., mais ce serait moins hygiénique, et comme l'on s'habitue à tout, j'en suis venue à désirer la camomille, qui me désaltère et me rafraîchit, quoiqu'on la boive bouillante ; aussi est-ce pour moi un vrai désappointement quand la chaudière est vide lorsque je m'en approche, et je qualifie de gourmands indélicats ceux qui, pour étancher leur soif, ont absorbé deux ou trois portions, au détriment des retardataires.

CHAPITRE DIX-SEPTIÈME.
Samarie. — Naplouse. — Saint-Gilles.

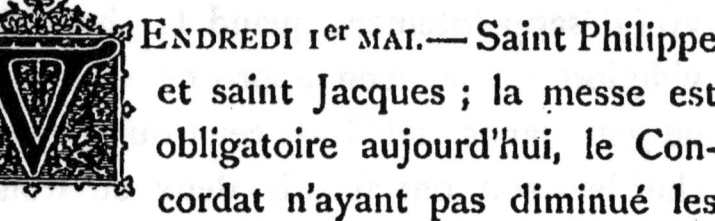ENDREDI 1ᵉʳ MAI. — Saint Philippe et saint Jacques ; la messe est obligatoire aujourd'hui, le Concordat n'ayant pas diminué les fêtes par ici. A trois heures et demie, je suis sur pied ; c'est moi qui donne le signal ; il faut s'habiller sur son lit, à tâtons le plus souvent, car nous n'avons qu'un bout de bougie sans flambeau, et nos inventions pour le tenir ne sont pas toujours couronnées de succès. Puis, il faut courir après une cuvette (en fer-blanc), aller chercher de l'eau, souvent assez loin, dans de grands baquets disséminés dans le camp ; ce n'est pas facile de marcher entre les tentes ; les piquets et les cordages enchevêtrés sont des embûches menaçantes, et il faut des précautions infinies pour ne pas tomber. Mes jeunes compagnes sont très-complaisantes pour mes cheveux blancs, et il est rare que je fasse le service moi-même. Cette vie de camp est vraiment extraordinaire et offre un intérêt tout particulier.

Nous entendons la messe au clair des étoiles, et cette Communion en plein air, avec le jour qui parait à l'orient, a un charme inexprimable.

Dès cinq heures, nous sommes en route. Les souvenirs bibliques abondent comme hier sur notre passage : voici Dothaïn, où Joseph fut vendu par ses frères ; — Béthulie (aujourd'hui Sanour), patrie de Judith, célèbre par la mort d'Holopherne ; — puis nous arrivons à Samarie (Sébastyeh), où nous déjeunons sur l'herbe, sous une tente, au milieu des colonnes. Nous avons fait un grand détour avant d'arriver, car les pluies torrentielles de cet hiver ont créé des lacs qu'il nous a fallu contourner. Si encore nous avions pu nous désaltérer dans leurs eaux ! Mais les directeurs du Pèlerinage nous ont tant recommandé de ne pas boire en route, qu'il faut obéir ; d'ailleurs, où serait la pénitence si nous ne souffrions pas par quelque côté ?

Il fait chaud à Samarie, ce qui ôte du charme aux ruines du temple construit par Hérode en l'honneur d'Auguste. Nous faisons à cheval le tour de la ville, au milieu des innombrables colonnes qui sont encore debout, et nous pensons à la splendeur de l'antique Samarie, capitale du royaume d'Israël ! Que tout cela est loin ! et qu'en reste-t-il ? Nous voyons les ruines du tombeau de saint Jean-Baptiste, qui contient aussi les monuments funéraires d'Abdias et d'Élisée, et nous nous dirigeons vers Naplouse, l'ancienne Sichem, où nous n'arrivons que vers sept heures : c'est long ! Je ne sens la fatigue qu'après être descendue de cheval, et aussitôt le dîner je me couche, sans même aller au Mois de Marie.

Nous sommes campés dans les pierres ; en m'asseyant sur mon lit, il craque et, comme dans la chanson, « mes pieds sont plus hauts » que ma tête. » O Jérusalem ! quand donc te verrons-nous ! Les jours, en Samarie, ont certainement plus de vingt-quatre heures !!

Notre jeune compagne, Mlle de la B..., très souffrante est soignée chez le curé de Naplouse, et sa couchette vide n'égaye pas nos esprits ! Nous avons cependant applaudi au dessert les vers charmants du Père Marie-Jules sur les Dames du Pèlerinage : « Les » dames vont en guerre, tout de blanc habil-

» lées ; » c'est simple et c'est vrai ; car, comme le dit si bien le bon Père poète : « La femme, » aujourd'hui, veut tout voir. »

Samedi 2 mai. — C'est demain soir que nous devons atteindre la Ville Sainte ! Cette pensée fait supporter l'extrême chaleur qui nous accable ; mais elle ne diminue pas la soif ardente qui me dévore.

Nous sommes donc aux portes de Naplouse, ville musulmane importante, 20.000 habitants : le télégraphe, c'est la civilisation ! L'air y est embaumé de roses, de jasmins, d'orangers. Les uns vont à la messe au puits de la Samaritaine, dans le champ de Jacob, où l'on ne voit plus guère que l'emplacement de ce puits où Jésus eut un si admirable colloque avec la femme de Samarie; ils savent qu'

« Aux vallons de Sichem, un mot se fait entendre ;
» Écho du lieu,
» Il dit au Pèlerin : « *Si tu savais comprendre*
» *Le don de Dieu !* »

les autres vont à l'église de la ville, se font montrer le *Pentateuque*, roulé sur deux baguettes d'argent.

Je suis trop lasse pour jouir d'autre chose que de ma tranquillité, et je m'asseois à l'ombre d'un olivier avec Mme de V..., une courageuse Pèlerine, venue déjà il y a trois ans, et dont la conversation a beaucoup de charme. Nos tentes sont enlevées, à l'exception d'une petite, destinée à nous abriter à l'heure du repos ; et pendant que nous y cherchons un refuge contre le soleil, dont le triste feuillage des oliviers ne nous garantit plus, on vient nous dire qu'un abbé-Pèlerin, l'abbé Decorbie (de Saint-Sulpice), est au plus mal. Quand nous partons, à une heure, nous le laissons derrière nous, avec la Sœur Joséphine, le médecin et M. H... Chacun s'en va préoccupé, et comme il n'y a sur notre chemin aucun souvenir vraiment intéressant, sauf le mont Garizim et le mont Hébal, entre lesquels est située Naplouse, et d'où l'on prononçait les bénédictions et les malédictions sur le peuple d'Israël, nous nous laissons aller à nos pensées plus ou moins gaies ! Le cœur se tourne vers ceux que l'on a parfois peur de ne plus revoir ! on prie pour eux, on demande au Seigneur de vouloir bien tenir compte des petites souffrances morales et physiques que l'on est venu chercher si loin.

Salibas se charge d'égayer mes idées ; il répète, avec son accent arabe, le refrain de nos cantiques, et ses *abé, abé, abé, Maria*, me font sourire. Par instants, le pauvre garçon m'impatiente : il n'est jamais là quand j'ai besoin de lui, et arrive tout penaud ensuite. Je lui promets backchiche à Jérusalem, et il me répète : Yérusalem, backchiche, avec un air si comique qu'on ne peut s'empêcher de rire.

Nous avons dans notre groupe une dame montée sur un petit âne noir courageux qui, tiré par un moukre intrépide, se tient bravement au premier rang. De temps à autre, il est dans les jambes de nos chevaux et les empêche d'avancer, et nous de crier : « Haro, sur le baudet ! » Cela rompt la monotonie de la route, et, à huit heures et demie seulement, par la nuit noire, à la lueur des torches, nous gravissons la rude côte qui nous amène enfin à Saint-Gilles, petit village musulman, où nos tentes sont dressées. Le vieux dicton : « Contentement passe richesse, » pourrait trouver ici son application; nous sommes très fatigués ; c'est à peine si nous pouvons faire honneur à notre repas : le pain est sur, la viande manque de saveur! Mais quand, au dessert, le P. Bailly interpelle l'abbé Bonnard et le somme de redire le chant qu'il fredonnait en montant à Saint-Gilles, et que nous entendons chanter « La nuit au camp » sur l'air de « Cadet Roussel », alors, toute fatigue est oubliée ; les plus endormis se réveillent ; on applaudit des pieds et des mains ; et, après chacune de ces strophes si véridiques, on reprend avec frénésie le refrain : « Ah ! ah ! ah ! oui, vraiment, les belles nuits qu'on passe au camp! » On passerait volontiers la nuit à le redire. Voici le chant tout entier : je ne puis résister au plaisir de le copier ici.

Au Camp. — Bonne nuit.

C'est l'heure où le bon Pèr'Bailly
Nous souhaite une bonne nuit.
Les précautions sont bien prises,
Vous pouvez vous mettre en chemise.

Refrain.
Ah ! ah ! ah ! oui, vraiment,
Les bonnes nuits qu'on passe au camp !

Des chardons, un nid de fourmis
Vous serv' de descente de lit ;
Vous tombez sur votre couchette,
Mais vos pieds sont plus hauts que vot'tête.

Vos voisins sont de vieux amis
Qu'un heureux sort a réunis.
Hélas ! ils ont beaucoup à dire,
Vous, vous ne pouvez que redire...

Quant ils ont fini de parler,
Les voilà qui s'mett' à ronfler.
C'est un changement de musique ;
Ne riez pas... ça d'vient tragique.

Onze heures ! enfin, ça va finir ;
Loué soit Dieu ! je vais dormir ;
Quand, tout à coup, la tente craque,
Je reçois sur l'nez la baraque.

Au milieu d'un rêve doré,
Soudain, je me sens dévoré
Par une abominable bête
Qui se promène sur ma tête.

Poursuivez les microb' de nuit,
Mais n'grattez pas, « trop gratter cuit ; »
Écoutez plutôt sans colère,
Voilà qu' les ânes se mettent à braire.

Alors tous les chiens du pays
Se dis' : « Faut faire tapage aussi ! »
On sonne, ou siffle, on hurle, on crie,
Comment dormir, je vous en prie ?

Deux heur' ! Ah ! le calme se fait,
Dormons bien vite un tantinet ;
(Ah ! oui !) Ces Messieurs commencent leur
Sans trop de bruit chacun se presse.   [messe,

Si les chansons vous font plaisir,
Les moukres vont vous en servir ;
Des quatre heur' ils vous rompent la tête ;
C'est leur manière de nous faire fête.

Attendez donc pour vous r' poser
Que le train vous ait déposés
Dans vos bons lits, en douce France ;
En attendant, faites pénitence.

C'est la dernière nuit sous la tente, et l'on se prend presque à le regretter. N'est-ce pas la nature humaine de n'aimer pas ce qui finit ? Et puis, mal passé n'est que songe, et là-bas, en France, quand nous aurons retrouvé nos « bons lits », nous serons fières, nous autres femmes, d'avoir goûté à cette vie du soldat qui n'est pas faite pour nous, et heureuses de l'avoir supportée avec courage.

CHAPITRE DIX-HUITIÈME.

De Saint-Gilles à Jérusalem par Ramalah.

Dimanche 3 mai. — Je dors à peine, car la messe sera dite avant quatre heures; et, dès trois heures et demie, j'appelle mes compagnes : il ne faut pas risquer de s'habiller en plein air, et les moukres détachent les cordes et menacent de tout enlever ; heureusement que MM. de B. font bonne garde, pour préserver de cette aventure leur sœur et nous.

Avant de commencer le saint Sacrifice, le Père Bailly nous apprend la mort de l'abbé Decorbie. Cela jette un froid ! Pèlerin comme nous, il est parti pour la Jérusalem terrestre, et c'est la Jérusalem céleste qu'il va visiter..... Faut-il le plaindre ? Non, certainement ; mais la nature humaine est là, et, tout en enviant cette fin glorieuse, on pense à ceux qu'on a laissés en France et qu'on voudrait revoir, même ici-bas ; on songe à la place marquée dans le cimetière entre ceux qui sont partis les premiers, et une larme furtive se glisse sous la paupière..... Un rayon de soleil levant la sèche vite ; on reprend courage et confiance : c'est ce soir qu'on atteindra le but. En marche pour Jérusalem !

Nous nous arrêtons un quart d'heure à Béthel (maison de Dieu), où Jacob eut sa vision de l'échelle mystérieuse ; on nous montre El-Bireh, l'ancienne Béroth, où la Sainte Vierge et saint Joseph s'aperçurent que l'Enfant Jésus ne les accompagnait plus ; et, vers onze heures, nous sommes à Ramalah (1), petit village chrétien, où les bonnes Sœurs de Saint-Joseph nous attendent et nous reçoivent avec un luxe que nous ne connaissions plus : une nappe bien blanche couvre la table ; des assiettes, des verres, des carafes, en font l'ornement ; aussi mangeons-nous de bon appétit, et la bonne humeur est générale.

Avant le Salut, on profite de notre présence pour faire plusieurs baptêmes, et l'on me demande d'être marraine d'une petite fillette aux yeux noirs et au teint jaune, qui est reçue enfant de Dieu et de l'Église sous le nom de

---

(1) L'ancienne *Rama*; qui nous rappelle la parole de l'Écriture : « On entendit dans Rama, » etc.

Marie-Louise-Joséphine. Je l'embrasse ; je donne un gros backchiche à ses parents ; je leur laisse mon nom et mon adresse, et je m'en vais avec l'espoir que ce petit ange priera pour moi sur la terre ou dans le Ciel.

Il est deux heures quand nous nous remettons en route, et nous ne sommes à Jérusalem qu'à six heures ! Oh ! que la route me paraît longue ! La Ville Sainte semble reculer à mesure que nous avançons.... Enfin, voici le mont Scopus, où nous descendons de cheval pour baiser la terre et gagner l'indulgence plénière. Là encore, comme à Nazareth, la fatigue m'empêche d'éprouver l'émotion sur laquelle je comptais ; et puis, comment se recueillir ? nous sommes les uns sur les autres ; les chevaux piaffent,, les moukres crient.... ; l'âme a besoin de calme pour s'élever vers Dieu. Nous suivons notre bannière, précédée cette fois des Cawas du Consulat et des communautés religieuses. Sur la route, avant Notre-Dame de France, les Pèlerins de Tibériade et de Nazareth forment la haie pour nous recevoir et nous acclamer.... ; leur vue nous repose, et c'est le cœur plein d'une douce allégresse que nous mettons pied à terre dans la cour de Notre-Dame de France, et que nous gagnons nos cellules, car la Pâque des Grecs nous empêche d'aller en procession ce soir au Saint-Sépulcre. Je n'en suis pas fâchée ; demain le corps sera reposé et le cœur jouira mieux de tout.

Nous dînons pour la première fois dans le grand corridor de notre hôtellerie, corridor qui sert de réfectoire; nous faisons à la chapelle une fervente prière pour remercier Dieu de nous avoir amenés ici ; et, avant de gagner nos lits, nous contemplons le beau panorama que le ciel pur d'orient nous laisse distinguer malgré la nuit. Oh ! qu'il fait bon dans ma petite cellule, où je jouis d'autant mieux de la solitude que j'en ai été plus longtemps privée ! Je suis au second étage, entre Mesdames de Goncourt et d'Avesnes, au numéro 116, sous le vocable de sainte Élisabeth de Portugal ; un lit de fer bien propre, deux chaises, un lavabo, une commode avec planche formant table pour écrire, et une table de nuit composent l'ameublement, avec un grand crucifix en face du lit. Un crucifix à Jérusalem ! quand on a sous les yeux l'emplacement du

Calvaire ! Oh ! que de choses on y lit ! que de douces paroles il en sort !!... Mais il est tard, et le sommeil réclame ses droits ; il ne me permet pas de lire les dix-huit ou vingt lettres qui m'attendent ici ; je parcours celles qui me tiennent le plus au cœur, et je m'endors, le sourire aux lèvres en répétant : « Je suis à Jérusalem ! merci, mon Dieu ! »

Jérusalem. (D'après Mme de Goncourt.)

CHAPITRE DIX-NEUVIÈME.
Jérusalem. — Aspect général.

Lundi 4 mai. — Avec quelle satisfaction je redis ce cri d'allégresse en m'éveillant ! quelle joie intérieure et aussi quel sentiment de repos ! Nous sommes ici pour quinze jours pleins ! nous allons y prendre nos habitudes et savourer, sans nous presser, les souvenirs que nous y trouverons à chaque pas. Merci, mon Dieu !

Ma première jouissance, toute matérielle et bien permise, je crois, c'est de pouvoir procéder seule à ma toilette et d'avoir de l'eau à discrétion. On ne connaît la valeur des choses qu'après en avoir été privé. Je jouis encore de m'installer, de défaire ma malle, de prendre possession de mon logis et de me retrouver moi-même. Pendant ces longs jours de la Samarie, plus durs que les grandes manœuvres de nos soldats, au dire de jeunes gens compétents, on est trop absorbé par la chaleur, la soif, les difficultés de la route, pour se posséder soi-même. Ici, c'est différent ; tout en ayant en poche le programme du Pèlerinage pour chaque jour, on est parfaitement libre de s'en affranchir, ce que je ferai souvent : je prie mieux quand la foule est moins grande ; c'est pourquoi j'aime à assister à la messe dans la chapelle de Notre-Dame de France ; elle n'est pas vaste, elle n'est guère ornée, mais on y respire le recueillement et l'on réalise mieux cette vérité dont je doute encore : être à Jérusalem !!!

J'y suis cependant, et, à la suite des Pèlerins, me voici sous la porte de Jaffa, aux murs épais, dans les rues étroites, aux pavés glissants, et bientôt sur le parvis du Saint Sépulcre. Là, malgré la foule qui grossit sans cesse, car beaucoup de catholiques se joignent à nous, je me dirige dans la basilique comme si j'y avais été déjà, — j'en ai tant étudié le plan !

Le Père Jérôme, vicaire du Custode de Terre Sainte, nous accueille chaleureusement. Nous vénérons la pierre de l'Onction ; nous baisons le marbre du Calvaire et la pierre du Saint Sépulcre, en nous promettant d'y revenir souvent. En effet, peu de jours se passent sans que, prosternée sur le pavé de ce Temple, saint entre tous, je ne prie pour tous ceux que j'aime, et je ne dépose sur le Sépulcre glorieux du Sauveur toutes les nombreuses intentions qui m'ont été recommandées.

Il serait monotone de raconter par le menu et par ordre chronologique nos journées de Jérusalem ; j'aime mieux dire simplement un mot des choses qui m'ont le plus intéressée, renvoyant pour le détail aux ouvrages scientifiques que chacun peut consulter.

Jérusalem (El-Kods, *la Sainte*) est la ville sainte pour tous : pour les Juifs, qui y pleurent chaque vendredi sur les murs démolis de leur ancien Temple ; pour les Chrétiens, puisque Notre-Seigneur JÉSUS-CHRIST y a accompli le mystère de la Rédemption ; pour les Musulmans, qui croient y posséder, dans la mosquée d'Omar, la pierre où reposait Jacob quand il vit l'échelle mystérieuse et d'où Mahomet se serait, disent-ils, élevé au Ciel. Elle compte environ 43.000 habitants, dont 28.000 Juifs et de 7 à 8.000 Musulmans. Ils sont répartis dans les différents quartiers de la ville, c'est-à-dire groupés selon leur religion : les Chrétiens, autour du Saint Sépulcre ; les Juifs, dans la vallée de Tyropéon ; les Musulmans, sur le mont Moriah et le mont Bézétha.

Jérusalem repose sur quatre collines principales.

A l'*Ouest*, le mont Sion et le mont Gareb ;
Au *Nord*, le mont Bézétha ;
A l'*Est*, le mont Moriah.

On peut y joindre, au *Centre*, la colline d'Acra. La vallée de Tyropéon est au *Sud*.

Malgré son altitude, (760 mètres au-dessus de la mer,) Jérusalem est dominée :

Au *Nord*, par le mont Scopus ;

A l'*Est*, par la montagne des Oliviers ;

Au *Sud*, par les monts du Scandale et du Mauvais Conseil ;

A l'*Ouest*, par le mont Gihon.

Au temps de Notre-Seigneur, le Calvaire était en dehors de la ville.

Il faut plusieurs jours pour s'y reconnaître dans les rues étroites et tournantes de Jérusalem ; beaucoup sont couvertes par intermittence et ont de larges escaliers qui rendent la marche difficile. Pour ne pas craindre de tomber, j'achète des babouches rouges, souliers du pays, où le pied est à plat et avec lesquels je circule sans glisser.

CHAPITRE VINGTIÈME.
La Basilique du Saint-Sépulcre.

Le grand attrait à Jérusalem, l'endroit où le Pèlerin retourne le plus volontiers, c'est le Saint Sépulcre. C'est celui que je voudrais le mieux décrire, tout en sachant bien que je ne pourrai jamais rendre les impressions que j'y ai ressenties, car il est des sentiments que la parole humaine est impuissante à traduire.

La Basilique du Saint Sépulcre, bâtie au VIIe siècle, sur l'emplacement de celle qu'avait fait élever sainte Hélène, fut modifiée par les Croisés, et n'a subi depuis que fort peu de changements. C'est une immense construction qui se compose de quatre parties : la *Rotonde*, qui recouvre le Saint Sépulcre ; — l'*église du Calvaire* ; — l'église souterraine de l'*Invention de la sainte Croix*, et la *Chapelle franciscaine*. Le tout est relié ensemble sans symétrie et sans goût ; ce ne sont pas les beautés matérielles qu'il faut y chercher, mais les beautés d'un ordre surnaturel, qu'on y trouve à chaque pas.

Quand on a franchi le parvis, sur lequel se tiennent une foule de marchands d'objets de piété, on entre par la seule et unique porte, dont la garde est confiée à des Turcs ; leur présence sur un divan où ils fument sans arrêt, nous rappelle, hélas ! que nous ne sommes pas les maîtres de ce Temple si saint.

A droite, un escalier de dix-neuf marches fort raides nous amène au sommet du Calvaire. Nous sommes sur l'emplacement du Golgotha ! Il y a 1858 ans qu'ici même le divin Sauveur fut dépouillé de ses vêtements et cloué à la Croix sur laquelle il consomma son sacrifice. « *Consummatum est.* » On frissonne à ce souvenir et on regrette de ne pouvoir baiser la terre même de la Montagne sainte. Les mosaïques, les pavés de marbre recouvrent toute l'étendue du Calvaire (environ quinze mètres carrés).

Les Grecs schismatiques possèdent l'autel élevé sur le lieu où la Croix fut plantée ; les Latins ont celui qui rappelle le crucifiement ; car, d'après la Tradition, la Croix était étendue sur le sol quand Notre-Seigneur y fut attaché. Un troisième autel, entre les deux précédents, indique la place où se tenait Marie et où on lui remit le corps de son divin Fils. « *Stabat Mater dolorosa, juxta crucem lacrymosa.* »

La fente du rocher, fente produite par le tremblement de terre qui suivit la mort du Sauveur, est encore visible et se prolonge jusque dans la chapelle souterraine construite sous le Calvaire.

Oh ! que l'on voudrait être seule pour méditer dans le plus profond recueillement ce grand mystère de la Rédemption, qui s'est accompli ici-même ! Et combien on déplore le bruit que font les Grecs en officiant ! Pourquoi faut-il que ceux qui portent le nom de Chrétiens soient divisés par le schisme ou l'hérésie ? Sur le Golgotha, plus que partout ailleurs, on prie pour qu'il n'y ait plus qu'un troupeau et qu'un Pasteur, car c'est pour tous que Jésus s'est immolé !

Sous le Calvaire est une grotte où l'on voit se continuer la fente du rocher dont j'ai parlé plus haut ; c'est là qu'aurait été déposé le crâne d'Adam, et c'est en souvenir de cette tradition que l'on met souvent une tête de mort au bas des crucifix.

Pour nous rendre au Saint Sépulcre, nous passons devant la *pierre de l'Onction*, et nous la baisons avec amour, car c'est sur cette pierre que les saintes femmes étendirent le corps sacré de JÉSUS pour l'embaumer ; et bientôt nous sommes dans la *Rotonde* qui recouvre le Saint Sépulcre proprement dit. C'est un petit monument, élevé par deux marches au-dessus du sol, et entouré de pilastres en pierre calcaire rouge ; il a 8 mètres 25 de long sur 5 mètres 55 de large, et 5 mètres 50 de haut. Il est divisé en deux parties : la *chapelle de l'Ange*, où se tenait l'ange qui annonça aux saintes femmes la Résurrection du Sauveur ; au milieu, enchâssée dans du marbre blanc, on vénère une partie de la pierre qui avait servi à fermer le sépulcre. Cette chapelle ou vestibule a 3 mètres 45 de longueur sur 2 mètres 90 de largeur. Au fond, une porte basse donne accès, en se courbant, dans la *chapelle du Tombeau de Notre-Seigneur*. C'est un petit espace de deux mètres carrés environ ; l'obscurité la plus grande y règnerait si quarante-trois lampes d'or et d'argent n'y étaient entretenues jour et nuit. A droite, en entrant, c'est le sépulcre glorieux du Sauveur ; c'est là qu'Il a affirmé sa puissance ; prosternons-nous et adorons ! Voici le lieu saint par excellence ; celui, qu'entre tous, nous sommes venus chercher de si loin. Nous baisons avec ardeur le marbre qui recouvre le Sépulcre ; nous voudrions pouvoir soulever ce marbre pour retrouver le roc même dans lequel Notre-Seigneur a été enseveli !

Sur ce tombeau, où la mort a été vaincue, je dépose toutes les intentions qui m'ont été recommandées, et aussi tous les objets que je veux rapporter à mes amis de France, pour leur prouver que ma pensée ne les a pas quittés, et pour les faire participer aux immenses grâces de mon Pèlerinage. Ici, comme au Calvaire, les Grecs et les Arméniens ont comme nous le droit d'officier, et il faut se renseigner sur les heures de chacun afin d'y venir prier à son aise ; souvent on attend son tour, car il suffit de quatre personnes pour remplir l'espace laissé libre par le Saint Sépulcre.

Près de là se trouve la *chapelle des Fran-*

ciscains, attenante au couvent où résident perpétuellement quatre religieux, chargés de la garde des Lieux saints. On y conserve une partie considérable de la colonne de la Flagellation. D'après la Tradition orientale, Notre-Seigneur aurait été flagellé deux fois, chez le Grand-Prêtre et chez le Gouverneur ; de là, deux colonnes de la Flagellation : celle de Rome, qui viendrait de chez Caïphe ; celle de Jérusalem, qui viendrait de chez Pilate. Nous avons pu poser nos lèvres sur ce fragment de porphyre, haut de 75 centimètres, qui a été arrosé par le sang du Sauveur ; et c'est avec larmes que nous avons demandé au divin Maître que ce sang n'ait pas été versé inutilement pour nous et pour ceux que nous aimons.

L'*église de Sainte-Hélène* ou de l'*Invention de la sainte Croix* est une église souterraine, non loin du Calvaire. Elle a été construite à l'endroit même où la mère de Constantin a retrouvé la croix de Notre-Seigneur, avec celles des deux larrons.

Ces quatre parties principales de la basilique : le Calvaire, le Saint Sépulcre, l'église de Sainte-Hélène et l'église des Franciscains, sont reliées entre elles par une grande quantité de chapelles, qu'il serait trop long de décrire, mais qui toutes, cependant, offrent un réel intérêt : ici, c'est le lieu de la *Prison de Notre-Seigneur*, où il fut enfermé pendant que les apprêts du supplice se terminaient ; là, c'est l'endroit où l'on partagea ses vêtements ; plus loin, il apparut à Magdeleine, qui le prit pour le jardinier. Oh ! devant cet autel, nous demandons au Seigneur de prononcer notre nom comme il prononça celui de Marie-Magdeleine, et alors, nous aussi nous répondrons : Rabboni ! Maître, et nous le suivrons à la vie, à la mort !

CHAPITRE VINGT-ET-UNIÈME.

La voie de la Captivité et la voie Douloureuse.

Pendant nos deux semaines dans la Ville Sainte, nous faisons deux fois publiquement le Chemin de la Croix : c'est très solennel ; l'énorme croix apportée de France et plantée sur le *Poitou* est portée par les jeunes gens et passe difficilement dans les rues étroites et les escaliers tournants ; le Père Jérôme commente chaque station, et on rentre heureux d'avoir ainsi suivi le Sauveur.

Mais, ce que j'aime mieux encore, et ce que je fais plusieurs fois, c'est le Chemin de Croix en mon particulier, avec deux ou trois personnes. Les Juifs, comme les Musulmans, nous regardent sans rien nous dire, et nous pouvons, avec recueillement et sans bousculade aucune, nous arrêter à chacune des haltes du divin Sauveur.

Pour faire la chose avec ordre, j'ai commencé par la *voie de la Captivité*, plus longue que la voie Douloureuse et moins connue.

En quittant Notre-Dame de France, on longe les murs de la ville et on descend pendant une bonne demi-heure pour arriver près du Tombeau de la Sainte Vierge, à côté de la Grotte de l'Agonie. On sait que Marie, passant par la mort sans en subir l'humiliation, fut déposée dans un sépulcre, mais pour n'y pas rester. Sur ce sépulcre, sainte Hélène fit élever une église, qui est devenue aujourd'hui une crypte, par suite de l'exhaussement du sol. Un large escalier de quarante-huit marches y conduit ; à la septième marche, on aperçoit, à droite, la porte, aujourd'hui murée, qui conduisait autrefois à la Grotte de l'Agonie ; à la vingt-et-unième marche, à droite, les tombeaux vides de saint Joachim et de sainte Anne ; presque vis-à-vis, à gauche, une chapelle où aurait été le tombeau de saint Joseph, époux de Marie. Enfin, au bas de l'escalier, d'où vient la lumière, est l'église souterraine, longue de trente mètres sur huit de largeur. Le Tombeau proprement dit se trouve à l'est ; deux portes y conduisent ; une multitude de lampes l'éclairent ; les schismatiques seuls y officient ; les Latins ont perdu ce droit depuis 1757.

A quelques pas de la basilique de l'Assomption, on entre dans la *Grotte de Gethsémani*. Cette grotte est une caverne naturelle qui s'enfonce sous le roc circulairement. On y arrive par six marches ; elle a environ douze mètres de long sur huit de large. Au milieu de la voûte, un trou qui servait sans doute autrefois à jeter les olives au pressoir, (on sait que Gethsémani veut dire *pressoir d'huile*,) apporte à cette grotte une demi-clarté. Le rocher est à nu, tel qu'il était au temps de Notre-Seigneur ; seulement on y a élevé trois autels, et sous celui du fond une plaque de marbre porte ces mots : *Hic factus est sudor ejus sicut guttæ sanguinis : Ici il lui vint une sueur comme des gouttes de sang.*

C'est donc ici que Notre-Seigneur après la Cène se retira pour prier, et que par trois fois il répéta cette sublime prière : « Mon Père, s'il est possible, que ce calice s'éloigne de moi ; néanmoins que votre volonté soit faite et non la mienne. » Quelle plume pourrait peindre les impressions du Chrétien en ce lieu ! C'est pour nous, pécheurs, que JÉSUS-CHRIST souffre et prie ; c'est la vue de nos péchés, — que dis-je! c'est le fardeau de nos péchés dont il se charge, plus encore que la vision de ce qu'il va souffrir, qui amène sur son front cette sueur de sang qui inonde son visage!.. Et nous pourrions nous plaindre quand la souffrance morale ou physique s'abat sur nous? Oh! Seigneur, en tout et toujours, je veux répéter avec vous le *Fiat* et unir ma volonté à la vôtre. Dorénavant, plus de faiblesse, plus de lâcheté; quelle que soit la nature de l'épreuve qu'il vous plaira de m'envoyer, je vous verrai, ô mon divin Maître, je vous verrai au fond de cette grotte, prosterné la face contre terre et priant, vous, l'innocence même, et vous humiliant sous le poids des péchés du monde; cette vue me fortifiera, car je sais que si vous n'éloignez pas de moi le calice, vous me donnerez la force de le supporter. Oh! qu'il fait bon dans cette grotte sainte! avec quelle ferveur la prière y sort du cœur! et que les heures y passent rapides! Elle a pour moi un attrait irrésistible et j'y reviens plusieurs fois.

A la distance d'un jet de pierre, voici le rocher où Pierre, Jacques et Jean s'étaient endormis en attendant le Sauveur. Oh! qu'ils sont bien l'image de notre pauvre humanité ! nous avons de bonnes intentions, mais la moindre chose nous abat ! nous ne savons veiller pour Dieu. Ah ! veillons et prions, car l'esprit est prompt et la chair est faible.

Le tout, la grotte et le rocher, se trouvent dans ce qu'on appelait alors le Jardin des Oliviers, à cause des arbres dont il était planté. On voit encore aujourd'hui beaucoup d'oliviers dans cette partie de la vallée ; mais on donne plus spécialement le nom de Jardin de Gethsémani à l'enclos des Franciscains, auprès de la grotte, où sont conservés huit oliviers que l'on dit remonter au temps de Notre-Seigneur. On peut prouver qu'ils existaient au huitième siècle, et comme l'olivier ne meurt pas et renaît de sa souche, il n'est pas impossible que ce ne soient ceux-là mêmes sous lesquels s'abritait Jésus. C'est avec bonheur que j'emporte des feuilles et du bois de ces arbres sacrés.

Un peu plus loin, dans une impasse, c'est le lieu de la *Trahison de Judas ;* c'est ici que l'apôtre déicide donna au Seigneur Jésus le baiser qui le désignait aux soldats. Trahir son ami, et le trahir par un baiser ! Avons-nous jamais bien médité toute l'horreur de cette infâme action ? Hélas ! dès notre enfance, nous avons lu et même appris ce drame sublime que l'on nomme la Passion de Notre-Seigneur Jésus-Christ, et par cela même que nous en connaissons mieux toutes les péripéties, nous y sommes devenus trop indifférents. Ah ! sur les lieux où ce drame s'est déroulé, combien il est plus facile de s'y identifier, et d'en comprendre les moindres détails ! Jésus, Dieu et homme tout ensemble, connaît tout ce qu'il va souffrir. Dans la Grotte de l'Agonie, sa volonté humaine se soumet à la volonté divine ; il a laissé à peu de distance les trois apôtres qui l'ont suivi au Thabor ; mais, ici, il ne leur montre plus un rayon de sa gloire, et les apôtres s'endorment plutôt que de le soutenir dans sa défaillance ! Et voilà que Judas, apôtre lui aussi, et qui vient de partager avec les autres le festin eucharistique, Judas arrive avec des hommes armés ; il s'incline devant Jésus : « Maître, je vous salue ! » et de crainte que les soldats ne sachent pas bien qui ils doivent arrêter, « il le baisa, » ajoute l'Évangile. Et Jésus, pour tout reproche, dit au traître : « *Amice*, mon ami ! » et le traître n'est pas touché de cette réponse si douce, qui aurait dû faire entrer le repentir dans son cœur ! Tout notre être se révolte à ce souvenir ; nous frémissons, car l'ingratitude est un sentiment bas, déshonorant, qui répugne à notre nature....; et, pourtant, si nous faisons un retour sur nous-mêmes, n'avons-nous pas, nous aussi, imité Judas ? n'avons-nous pas trahi le divin Maître en maintes occasions ? n'avons-nous pas, comme Pierre, Jacques et Jean, laissé nos cœurs s'appesantir et nos yeux se fermer quand nous aurions dû lutter et combattre ? Réveillons-nous de notre torpeur et, l'Évangile à la main, suivons la *voie de la Captivité*.

Avec la cohorte, nous longeons la vallée de Josaphat, dont il est parlé au livre du prophète Joël (ch. III, v. 2) : « J'assemble-
» rai tous les peuples, et je les conduirai
» dans la vallée de Josaphat, et là j'entrerai
» en jugement avec eux. » De là l'opinion très répandue que dans cette vallée aura lieu le jugement dernier. L'Église ne s'est pas prononcée sur ce point, et nous pouvons plutôt

penser que Joël parle d'une manière énigmatique du lieu où le Seigneur jugera tous les hommes. Cette vallée de Josaphat, couverte de tombeaux, est très probablement celle qui est appelée, dans l'Écriture Sainte, vallée de Savé ou vallée du Roi. Il en est question dans la Genèse (ch. XIV, v. 27), et on y voit encore le monument qu'Absalon y avait fait élever de son vivant, et qu'on appelle *le Main d'Absalon* (Rois, l. II, ch. XVIII, v. 18).

Nous traversons le *Cédron*, où Notre-Seigneur, poussé par les soldats, tomba sur un rocher qui garda l'empreinte de ses genoux et de ses mains ; David l'avait prédit : « *De torrente in via bibet.* » Nous gravissons la colline d'Ophed, et nous entrons dans la ville par la porte Sterquilinaire ou des Maugrabins, pour aller à la *Maison d'Anne*, sur le mont Sion. Sur l'emplacement de cette maison, s'élève un couvent de Religieuses arméniennes schismatiques ; on y montre le lieu où JÉSUS reçut un soufflet d'un des valets du grand-prêtre, et les oliviers, rejetons de l'arbre auquel le Sauveur fut attaché. Anne, après avoir interrogé JÉSUS, l'envoie chez *Caïphe*, près du

Cénacle ; il faut, pour s'y rendre, sortir par la porte de Sion. C'est dans la cour de Caïphe, occupée maintenant par un couvent arménien schismatique, que saint Pierre renia son divin Maître. (Sur le versant du mont Sion, j'ai pu visiter la grotte où saint Pierre se retira pour pleurer sa faute.) JÉSUS passa la nuit dans la maison de Caïphe, où les soldats l'insultèrent. Au lieu de soufflets et de crachats, on nous y asperge d'eau de rose ! C'est la manie des schismatiques, et cela suffirait seul à faire reconnaître leurs sanctuaires.

Le vendredi matin, JÉSUS est envoyé au *Prétoire de Pilate*, et traverse, pour s'y rendre, la plus grande partie de la ville ; car ce Prétoire était à l'angle Nord-Ouest de la terrasse du Temple. Après un premier interrogatoire, Pilate envoie JÉSUS à *Hérode*, dont le palais était à peu de distance ; une église y fut élevée, mais il n'en reste rien que des ruines. Enfin, de chez Hérode, on ramène le divin Sauveur au *Prétoire*, où il est flagellé, couronné d'épines et montré au peuple : *Ecce homo !* Une église s'élève à l'endroit de la Flagellation, et l'arc de l'*Ecce homo* existe encore. Pilate prononce la sentence, assis sur son tribunal, au lieu appelé *Lithostrotos* (dont nous avons vu les dalles dans le couvent des Dames de Sion).

Le divin Sauveur avait fait ainsi plus de trois mille pas, et allait commencer la *Voie Douloureuse* proprement dite, moins longue, mais plus pénible, car la croix était lourde à porter, et cette nuit de mauvais traitements avait affaibli l'auguste Victime.

Dans les rues de Jérusalem, aucune image pieuse ne représente les diverses stations : un débris de colonne, un trou dans le mur, indiquent seuls aux Pèlerins les endroits où ils doivent se prosterner. Et cependant, mieux que partout ailleurs, on médite et on prie, sans s'inquiéter des gens qui passent et du qu'en dira-t-on ! C'est qu'ici le Juif et le Musulman ne trouveront pas étrange de nous voir donner des marques extérieures de notre religion : ils n'ont pas de respect humain et font leurs prières en quelque lieu qu'ils se trouvent, quand l'heure en est venue.

Nous montons dans la cour de la caserne turque, sur l'emplacement du Prétoire : c'est là que Jésus entendit sa sentence (*1re station*); — en bas, il fut chargé de sa croix (*2e station*); on voit dans le mur la place de l'escalier que le Sauveur monta et descendit plusieurs fois ; cet escalier saint, *scala sancta*, est vénéré à Rome, près de l'église de Saint-Jean de Latran. — Deux cent trente mètres plus loin, après avoir passé sous l'arc de l'*Ecce homo*, une colonne brisée, à l'intersection de deux rues, indique l'endroit où Jésus tomba pour la première fois (*3e station*). — Encore quarante pas, et Jésus rencontre sa Mère (*4e station*). La Sainte Vierge, qui avait le courage de l'amour maternel, ne veut pas quitter son divin Fils. Séparée de lui par la foule, elle prend un chemin plus court, et, au tournant d'une ruelle, elle rejoint le lugubre cortège. Oh ! nous, qui voudrions épargner toute peine à ceux que nous aimons, nous comprenons l'immense douleur de Marie en voyant Jésus chargé de sa croix, et la nouvelle souffrance du Sauveur à la vue de sa Mère bien aimée. —Au bout de la rue, on aperçoit l'emplacement de la Maison du Mauvais Riche, et la Parabole racontée par Notre-Seigneur me revient en

mémoire : « L'homme riche, vêtu de pourpre
» et de lin, et faisant chaque jour splendide
» chère, refuse au pauvre Lazare, couché à
» sa porte, tout couvert d'ulcères, les miettes
» de sa table ; les chiens, plus charitables,
» venaient lécher ses plaies. Or, il arriva que
» le mendiant mourut et fut porté par les
» Anges dans le sein d'Abraham. Le riche
» mourut aussi et fut enseveli dans l'Enfer.
» Or, levant les yeux, du milieu de ses tour-
» ments il vit de loin Abraham et Lazare
» dans son sein, et, s'écriant, il dit : Père
» Abraham, ayez pitié de moi, et envoyez
» Lazare, afin qu'il trempe le bout de son
» doigt dans l'eau pour rafraîchir ma langue.
» Et Abraham lui dit : Souviens-toi que pen-
» dant ta vie tu as reçu les biens de même
» que Lazare a reçu les maux ; maintenant il
» est consolé et toi tu es dans les tourments. »
(Luc, XVI, 19 à 25.)

Méditons ces paroles, et ne nous contentons pas de faire *matériellement* le Chemin de la Croix ; aimons à souffrir avec le Sauveur, afin d'être récompensé comme Lazare.

Nous voici à l'endroit où Simon le Cyrénéen

fut contraint de porter la Croix du Sauveur (*5ᵉ station*); — bientôt, à 86 mètres environ, un tronçon de colonne marque la place où sainte Véronique essuya la face divine du Sauveur (*6ᵉ station*); les Grecs unis sont en train de construire une église sur l'emplacement de la maison de cette sainte femme.

Après 60 mètres, on arrive à la Porte judiciaire, où Notre-Seigneur tomba pour la deuxième fois (*7ᵉ station*). C'était par cette porte que devaient passer tous les condamnés pour sortir de la ville et se rendre au lieu du supplice. On voit encore dans l'intérieur d'une boutique, dont elle traverse la voûte, la colonne de la sentence, sur laquelle l'arrêt de mort de Notre-Seigneur fut affiché. L'endroit où nous sommes parvenus est un des plus sombres et des plus sales de Jérusalem; on y est encombré de gens qui poussent devant eux des ânes, des mulets, des chameaux, et le recueillement n'y est pas facile. — A quelques pas de là, Jésus consola les Filles d'Israël (*8ᵉ station*). — Nous sommes obligés de retourner en arrière, et ce n'est qu'au bout de cent mètres que nous arrivons à l'extrémité d'une impasse, au lieu où Jésus tombe pour la troisième fois (9e *station*).

Nous sommes ici au pied du Calvaire ; seul le couvent copte nous en sépare ; mais, pour arriver à la Basilique, lorsqu'avec tous les Pèlerins nous faisons le Chemin de Croix solennel, il nous faut rétrograder et suivre des rues étroites et tortueuses jusqu'au Parvis du Saint Sépulcre. En notre particulier, c'est plus commode : un backchiche nous ouvre les portes du couvent, dont nous traversons la cour, après avoir jeté un coup d'œil sur la citerne de Sainte-Hélène, et nous sommes en un instant sur le Parvis de la Basilique.

Les cinq dernières stations se trouvent dans l'intérieur que j'ai décrit précédemment : quatre sur le Calvaire et la cinquième au Saint Sépulcre.

CHAPITRE VINGT-DEUXIÈME.

Le Cénacle. — Le Mont de l'Ascension. — Béthanie.

JÉRUSALEM est entourée d'épaisses murailles crénelées, à l'aspect sombre et sévère, qui datent du seizième siècle ; leur hauteur est de treize mètres ; elles ont plus de deux mètres de largeur.

Les principales portes de la ville sont :

Au Nord : la *Porte de Damas* (*Bab ech Cham*), la plus belle de toutes, et la *Porte d'Hérode* (*Bab ez Zarreh*), très petite.

A l'Est : la *Porte Saint-Étienne* ou de *Notre-Dame Marie* (*Bab es Sitti Mariam*) parce qu'elle conduit au tombeau de la Sainte Vierge.

La *Porte Dorée* (*Bab el Taoueh*), remarquable par ses sculptures anciennes, mais murée.

Au Sud : la *Porte des Maugrabins* (*Bab el Maghaibeh*), la *Porte de Sion* ou *Porte de David* (*Bab el Nebi Daoub*), près du Cénacle.

A l'Ouest : la *Porte de Jaffa* (*Bab el*

Khalid), ou *Porte d'Hébron*. Elle est peu ornée mais très spacieuse ; et enfin la *Porte Nouvelle*, ouverte en face de Notre-Dame de France depuis un ou deux ans. (Si je ne me trompe, une autre Porte Nouvelle a été ouverte presque en même temps dans le quartier musulman.)

C'est en dehors de la ville, non loin de la Porte de Sion et de l'emplacement de la maison de Caïphe, que se trouve le *Cénacle*. Hélas ! si l'on regrette au Saint Sépulcre que tous les rites chrétiens puissent y officier, combien plus on se lamente ici ! car depuis l'an 1551 l'église du Cénacle a été convertie en mosquée, et nous ne pouvons prier à notre aise au lieu où Jésus fit son dernier repas et institua l'adorable sacrement de l'Eucharistie. Les Musulmans, qui croient posséder dans cette mosquée le tombeau de David (*Nabi Daoub*), exigent un backchiche pour nous laisser pénétrer au premier étage, dans la salle où eut lieu la Cène. Cette salle a quatorze mètres de long sur neuf de large. C'est donc ici que le divin Maître dit à ses disciples : « J'ai désiré d'un grand désir de manger cette

» Pâque avec vous, » et qu'il leur donna son corps pour nourriture et son sang pour breuvage. Prions et humilions-nous.

Plus tard, après sa Résurrection, c'est ici que, les portes étant fermées, il apparut deux fois aux apôtres réunis, leur donna le pouvoir de remettre et de retenir les péchés, et rendit fidèle l'incrédule Thomas.

C'est encore en ce lieu que, le jour de la Pentecôte, l'Esprit-Saint descendit sous forme de langues de feu.

Nous voudrions relire toutes les pages du Nouveau Testament où sont relatés ces grands mystères ; mais le gardien qui nous accompagne nous presse de partir, et, malgré nos instances, il ne nous permet pas de visiter au rez-de-chaussée la salle du lavement des pieds, convertie en harem, hélas ! Il nous faut donc sortir, mais non sans répéter comme saint Pierre : « Seigneur, lavez-moi, non seu-
» lement les pieds, mais encore les mains et
» la tête. »

C'est dans le cimetière auprès du Cénacle que l'on dresse une tente pour y célébrer la la sainte Messe, le jour de la Pentecôte ; c'est là que les Pèlerins viennent demander au Saint-Esprit de leur envoyer tous ses dons.

Dix jours auparavant, par une permission spéciale, nous pouvions entendre la Messe au lieu même où Jésus s'est élevé au Ciel. Le mont de l'Ascension est à l'est de Jérusalem, au-dessus de la grotte de Gethsémani. Une mosquée y remplace l'église qui y avait été bâtie autrefois ; elle est bien petite, cette mosquée, — six à sept mètres de diamètre, — et c'est en y entrant, à droite, que l'on voit l'empreinte du pied gauche de Notre-Seigneur ; cette empreinte est sur une pierre dure, entourée de marbre. Les Musulmans la vénèrent comme nous, car ils regardent Jésus comme un grand Prophète.

Près de là, nous entrons dans le couvent du Carmel, bâti à l'endroit où Notre-Seigneur enseigna pour la seconde fois le *Pater* à ses disciples. Dans la cour rectangulaire du cloître, l'Oraison Dominicale est reproduite en trente-deux langues différentes.

A une toute petite distance, on nous montre la grotte où les apôtres composèrent le *Credo*. — Puis, voici le *Dominus flevit*, où

Jésus pleura sur Jérusalem, le jour des Rameaux, et la *Pierre de Bethphagé*, d'où Notre-Seigneur monta sur l'âne qui le portait dans son entrée triomphale à Jérusalem.

Les souvenirs évangéliques se pressent à chaque pas : de l'autre côté du mont des Oliviers, c'est *Béthanie*, où nous visitons le tombeau de Lazare, celui dont les Juifs disaient en voyant les larmes de Notre-Seigneur : « Voyez comme il l'aimait ! » Nous nous arrêtons près de la *Pierre du Colloque*, et nous nous plaisons à relire cet admirable dialogue entre Marthe et Jésus : « Sei-
» gneur, si vous eussiez été ici, mon frère ne
» serait pas mort ; cependant, maintenant
» même, je sais que tout ce que vous deman-
» derez à Dieu, Dieu vous le donnera. » —
» Jésus lui répondit : « Votre frère ressusci-
» tera. » — Marthe lui dit : « Je sais qu'il
» ressuscitera au dernier jour. » — Jésus lui
» dit : « C'est moi qui suis la résurrection et la
» vie ; celui qui croit en moi, quand même
» il serait mort, vivra, et quiconque vit et
» croit en moi ne mourra jamais. Croyez-vous
» cela ? »

Elle lui répondit : « Oui, Seigneur, je crois
» que vous êtes le CHRIST, le Fils du DIEU
» vivant, qui êtes venu en ce monde. » (St
Jean, XI, v. 21 à 28.)

Quel sublime colloque ! comme tout y est vivant ! Il nous semble voir les interlocuteurs ; il nous semble les entendre ! O Marthe ! donnez-nous un peu de votre foi, afin que nous ressuscitions à la vie spirituelle, comme votre frère ressuscita à la vie temporelle.

CHAPITRE VINGT-TROISIÈME.

La fatigue à Jérusalem. — Une journée à Bethléem.

A JÉRUSALEM, on nous donne le programme des exercices journaliers du Pèlerinage, mais chacun est libre de s'en affranchir. Pour ma part, j'aime à voler de mes propres ailes : c'est plus commode et moins fatigant. Lorsque le bon Frère Liévin nous guide, il ne peut se faire entendre de quatre cents personnes à la fois : on se pousse comme des moutons qui veulent passer les uns devant les autres ; on voit moins bien et c'est plus long. J'en ai fait l'expérience presque aussitôt notre arrivée.

Après une Messe dans la Grotte de l'Agonie, j'ai suivi le Pèlerinage dans la Vallée de Josaphat ; vu les tombeaux d'Absalon, de saint Jacques et de Zacharie ; l'endroit où Judas se pendit ; la piscine de Siloé où JÉSUS rendit la vue à l'aveugle-né ; l'Haceldama ou Champ du sang, acheté avec les trente deniers rapportés par l'apôtre déicide ; et, parcourant en plein soleil la Géhenne ou vallée de Hinnon, j'ai pu ainsi apprécier ce que sont par une chaleur suffocante les chemins pierreux de la Judée ! Je ne pouvais plus marcher, et, à cent mètres de la porte de Jaffa, le Père Alfred dut me hisser sur un âne, qui me ramena comme une chose inerte. Cette leçon me profita, car je m'en ressentis plusieurs jours, et trouvai très-dur d'être obligée de me soigner, de rester étendue au lieu de jouir de la Ville Sainte ! Hélas ! la croix nous suit partout, et faut-il s'étonner de la trouver à Jérusalem ? il faut la bénir et la porter mieux qu'ailleurs. Que sont d'ailleurs les petites souffrances physiques comparées aux immenses jouissances de l'âme ? Jouissances de toute nature, religieuses et françaises, car partout nous sommes accueillis aux cris de vive la France ! chez les Frères, comme chez les Sœurs de St-Joseph, comme chez les Filles de St-Vincent de Paul, on nous acclame, on nous fête ; les enfants nous récitent des compliments en français très-pur, et presque sans accent ; ils les accompagnent de gestes bien sentis, et, pour nous remercier de notre approbation, ils nous baisent la main et la portent à leur front : usage oriental, très-poétique, par lequel ils veulent nous faire entendre que leur cœur et leur volonté nous sont soumis. Les Sœurs de Charité sont étroitement logées à Jérusalem ; mais on est en train de leur construire un superbe établissement, en dehors des murs, près de Notre-Dame de France ; j'en ai visité tous les travaux avec Sœur Marie X., pour qui j'avais des commissions de France, et j'ai pu constater que, de leurs fenêtres, les bonnes Sœurs pourront apercevoir Bethléem ! Bethléem !!! ce nom, cher entre tous, me rappelle une de nos plus délicieuses journées.

Le samedi 9 mai, dès cinq heures du matin, nous montions en voiture, M^{elles} de L..., Ay..., Mme de Goncourt et moi, escortées d'Abdallah, jeune chrétien de dix-neuf ou vingt ans, qui me sert de guide depuis que je suis à Jérusalem. La route est carrossable, mais très mauvaise en certains endroits. Cependant, après avoir vu le tombeau d'Élie et la sépulture de Rachel, nous arrivons sans encombre à Bethléem, et nous redisons avec l'Évangéliste et le Prophète : « Et toi, Bethléem, ville

» de Juda, tu n'es pas la plus petite d'entre
» les villes de Juda, car c'est de toi que sor-
» tira le chef qui doit conduire mon peuple
» d'Israël. »

Bethléem (ville du pain) est située à 846 mètres au-dessus de la mer; elle est assise sur deux collines et offre un coup d'œil enchanteur: des vignes, des oliviers, des fleurs de toute nature, reposent les yeux et en font une petite oasis. C'est en procession que nous la parcourons tout entière, car l'église de la Nativité est au sommet, et nous avons quitté notre voiture aux premières maisons de la ville.

Que de souvenirs se pressent dans notre esprit : Noémi, Ruth, Booz, David, et le père de saint Joseph ; et tous ces grands noms s'effacent devant celui de l'Enfant-Dieu ! Après une montée assez pénible, au milieu d'une population curieuse, nous voici à l'entrée de l'église de la Nativité ; ce n'est pas une porte, mais une espèce de soupirail bas et étroit qui nous oblige à nous courber beaucoup ; il donne accès dans un vestibule et bientôt après dans la Basilique à cinq nefs, formées de co-

Bethléem. (D'après Mme de Goncourt.)

lonnes monolithes d'une teinte rouge veinée de blanc, qui ont l'apparence du marbre, et que surmontent des chapiteaux corinthiens ; ces nefs ont 33 mètres de long ; la nef du centre a 20 mètres de large ; les autres sont très étroites. Le transept est aussi large que la nef centrale et forme avec elle la figure d'une croix latine. L'église de la Nativité fut commencée par sainte Hélène et terminée par Constantin ; elle fut réparée par Justinien en 530 ; Saladin la respecta, mais, depuis 1758, elle appartient aux Grecs et aux Arméniens non unis ; les Latins n'y ont, hélas ! que le droit de passage. La charpente qui la couvre est en bois de cèdre, remarquable par sa légèreté et son élégance. La partie centrale du chœur s'élève environ de 70 centimètres au-dessus du sol ; c'est sous cet exhaussement que se trouve la sainte Grotte où naquit Notre-Seigneur Jésus-Christ. On y descend par un escalier de seize marches, et l'on se trouve dans une grotte en grande partie naturelle, de 12 mètres de long sur 3 à 4 de large. A gauche, c'est le lieu même de la naissance du Sauveur, indiqué par une étoile d'argent, clouée sur une plaque de marbre, avec ces mots : *Hic de Virgine Mariæ Jésus Christus natus est.* Quinze lampes y brûlent jour et nuit. Nous nous prosternons et nous adorons ! Oh ! qu'il est facile de prier dans cette grotte bénie ! Il me semble y voir le divin Enfant dans les bras de sa Mère quand les Bergers et les Mages lui apportent leurs présents. Ici, à droite, c'est l'emplacement de la *Crèche* (on sait que la Crèche elle-même est à Rome) ; puis on entre dans d'autres grottes : celle de saint Joseph, où nous avons le bonheur d'entendre la sainte Messe et de communier ; celle des saints Innocents, celle de saint Jérôme, où se trouvent les tombeaux de sainte Paule et de sa fille, sainte Eustochie. Comment ne pas s'identifier au grand mystère qui s'est accompli dans ce lieu ? A Nazareth, Jésus s'est incarné dans le sein de Marie ; à Bethléem, il daigne se montrer aux hommes, non pas dans tout l'éclat de sa puissance, qui les effrayerait, mais comme un pauvre enfant qui est sous la dépendance de tous ; ce n'est pas un palais qu'il a choisi pour demeure, c'est une étable, une grotte souterraine, que nulle main n'a creusée, où chacun est libre d'entrer, et où les rois de l'Orient viennent déposer à ses pieds l'or, l'encens et la myrrhe ! Pèlerins de France, nous accourons de l'Occident pour le chercher à travers les mers ; nous lui apportons l'or de nos cœurs, c'est-à-dire l'amour, l'encens de nos prières, la myrrhe de nos mortifications dans ce Pèlerinage de pénitence où nous souffrons de la chaleur, de la soif, de la fatigue du chemin. Ah ! puisse-t-il accepter nos modestes sacrifices ; puisse-t-il les inscrire au Livre de vie, afin qu'au jour du Jugement ce peu que nous faisons pèse dans la balance, et dispose en notre faveur Celui que nous venons adorer de si loin !

Là, comme à Nazareth, comme à Tibériade, comme au Thabor et au Calvaire, je voudrais être entourée de tous ceux que j'ai laissés derrière moi, afin qu'ils goûtent mon bonheur, dont je ne pourrai leur rapporter qu'un petit souvenir, dont je ne pourrai leur faire entendre qu'un trop faible écho. Une journée à Bethléem, c'est une journée du Ciel sur la terre, c'est une journée semblable à celle d'une première Communion.

Pendant que je savoure en mon particulier les douceurs de la Grotte, les Pèlerins, réunis dans l'église de Sainte-Catherine, attenante à la Basilique, assistent à la messe pontificale de Monseigneur Koppès. Puis une même table nous réunit chez les Franciscains.

Nous allons visiter ensuite la Grotte du Lait, où, selon la Tradition, la Sainte Vierge se serait arrêtée avec l'Enfant Jésus en fuyant en Égypte. Nous recevons la bénédiction du Saint-Sacrement, et nous explorons à loisir la ville et les magasins.

Les costumes sont jolis et variés. Les hommes sont coiffés du turban ou du kouffié et portent le grand manteau. Dans les larges plis de leur ceinture, ils dissimulent une foule d'objets de piété qu'ils nous offrent à l'envi les uns les autres ; ils en sortent de toutes leurs poches : on dirait la bouteille inépuisable de Robert Houdin !! Les femmes ont des robes à larges raies bariolées, un veston brodé ouvert sur un plastron de couleur différente ; pour coiffure, une espèce de tronc de cône recouvert d'un voile blanc ; sur le front, une sorte de diadème en pièces de monnaie, qui se continue souvent jusque sous le menton; beaucoup ont ainsi leur dot sur leur tête. Elles ont les bras chargés d'anneaux de toutes sortes et sont en général d'une belle prestance. Elles portent leurs nourrissons dans une espèce de hamac en laine, parfaitement tissé, garni de longues franges, et dont les quatre coins, munis d'anses, viennent se rattacher aux épaules ou au front de la mère, qui garde ainsi toute sa liberté de mouvement.

Bethléem compte environ 6.000 habitants, dont plus de la moitié sont catholiques. Les Bethléémites sont travailleurs, industrieux, chose rare en Orient ! ils font une foule d'ouvrages en nacre très recherchés des voyageurs. Nous passons beaucoup de temps à examiner les magasins, à parcourir le très bel établissement où Don Belloni élève beaucoup d'enfants, et c'est à regret que nous regagnons notre voiture, tant il en coûte de quitter Bethléem, où nous nous promettons de revenir en allant à Hébron.

CHAPITRE VINGT-QUATRIÈME.
Hébron. — Dîner au Consulat.

UN groupe de Pèlerins étaient partis pour la mer Morte. La prudence et les conseils de nos sages directeurs m'avaient retenue, à mon grand regret. Comme fiche de consolation, le jeudi 14 mai, nous louons une voiture, Mme de Goncourt, Mme d'Avesnes et moi. Abdallah grimpe à côté du cocher et nous sert de drogman. Nous entendons de nouveau la Messe dans la grotte de la Nativité, puis nous suivons une route pierreuse qui, en trois heures, nous conduit à *Hébron*, la ville d'Abraham, après nous avoir permis d'admirer les Vasques de Salomon, immenses réservoirs, au nombre de trois, alimentés par la source d'Ourthos (*Aïn Ourthos*), qui ne tarit jamais, et vient du Jardin fermé (*hortus conclusus*), auquel Salomon compare l'Épouse des Cantiques, — et aussi par la Fontaine scellée de l'Écriture sainte (*fons signatus — Aïn Saleh*). Le plus grand de ces bassins a 177 mètres de long sur 64 de large et 15 de profondeur ; le second, 129 mètres sur 70 et 12 de profondeur ; le troisième, 116 mètres sur 70 et 7 à 8 de profondeur. Ils fournissent l'eau à un aqueduc qui l'amène sur le mont Moriah à Jérusalem.

Après un déjeuner sur l'herbe rare, sous de beaux oliviers, en vue d'Hébron, nous entrons dans la ville, essentiellement musulmane, et où il est nécessaire, ou du moins utile, de nous faire escorter par un soldat turc. Sur les 8.000 habitants qui la peuplent, il n'y a que 1.000 Juifs ; tous les autres sont Mahométans. Ils nous regardent d'un air farouche quand nous traversons les bazars sales, étroits et couverts, la seule chose que nous puissions voir, puisque aucun chrétien n'a jamais pénétré dans la mosquée d'Abraham. Nous faisons le tour de cette mosquée, construite, dit-on, par Salomon, sur l'ordre de DIEU, pour couvrir le tombeau du Père des Croyants ; elle contient aussi les Cénotaphes d'Isaac et de Rébecca. Peut-être suis-je un peu comme le renard de la fable? ce qui est certain, c'est que ces pierres salomoniennes ne parlent pas à mon cœur. J'aime mieux me souvenir que, d'après la Tradition, nous sommes sur la *terre rouge* où Adam fut créé, et où il revint habiter quand Ève et lui furent chassés du Paradis terrestre.

Le retour est assez monotone ; les champs sont pleins de pierres ! on dirait qu'elles y poussent ! Et quand on pense que ce pays était autrefois la Terre Promise, on comprend que la malédiction divine a passé par ici ! Pour nous distraire, nous nous rappelons qu'Hébron est une des plus anciennes villes du monde, la Cariath Arbâa de l'Écriture, habitée, dit-on, par des Géants. Plus tard, sous les Arabes, on commença à la nommer *El-Khalil, ville de l'Ami de Dieu.* On sait que dans le Livre de Judith, ce nom, *Amicus Dei*, est donné à Abraham. Nous avons donc, sans presque nous en douter, traversé la Vallée de Mambré, si célèbre jadis par sa fertilité, et d'où l'on rapporta à Josué la grappe de raisin soutenue sur les épaules de deux hommes. Que les temps sont changés !

Pour finir cette journée, nous assistons à l'ouverture d'une retraite que nous prêche le Père Jérôme, dans une des chapelles du couvent de Saint-Sauveur. Cette retraite dure trois jours, à un sermon par jour ! ce n'est pas fatigant, et nous y entendons des choses très pratiques sur le rôle de la femme chrétienne et sur ce qui fait les Saints ! Puissions-nous ne les pas oublier ! Le Père Jérôme est Français et parle avec une grande facilité et beaucoup de cœur. C'est lui qui, la veille de notre départ, nous remet à chacune un chapelet en grains des oliviers de Gethsémani, une médaille et une image de Jérusalem, avec notre diplôme de Pèlerine : souvenirs précieux qui nous rappelleront toujours que nous avons eu le bonheur de nous croiser et de vivre deux semaines à Jérusalem.

Cette vie n'est pas seulement remplie par les exercices et les courses de piété ; il y a aussi les distractions mondaines : un dîner privé au Consulat, où l'aménité du Consul général, Mr Ledoulx, l'amabilité de sa femme et de sa fille, nous font croire que nous sommes dans un salon parisien. Nos deux Évêques-Pèlerins, avec des vicaires-généraux et le Père Bailly, sont nos compagnons de table, et une douce gaieté préside à cette charmante réunion.

CHAPITRE VINGT-CINQUIÈME.
La Mosquée d'Omar et la Mosquée El Aksa.

Le 11 mai, dans la matinée, tout le Pèlerinage est admis à visiter la mosquée d'Omar. Autrefois, tout chrétien qui aurait osé en franchir le seuil eût été puni de mort ; maintenant, on peut obtenir la permission, moyennant backchiche, d'entrer dans le *Haram esch Chérif* (enceinte sacrée), sur le mont Moriah, où la Tradition place le sacrifice d'Abraham, et où Salomon avait bâti le Temple du Seigneur. On se rappelle que David, contristé de voir l'Arche sainte errer sous des tentes diverses pendant que lui « habitait une maison de cèdre », résolut de construire un temple au Très-Haut ; mais le Prophète Nathan vint trouver le roi et lui dit : « Voici ce que dit le Seigneur :
» Parce que tu as pensé à m'honorer en me
» bâtissant une demeure, je te donnerai le
» repos du côté de tes ennemis ; je te susciterai
» un fils qui bâtira une maison à mon nom,
» et moi, le Seigneur, je te ferai une maison

» qui subsistera éternellement, » puisque c'est de toi que sortira le Désiré des Nations, le Messie promis à Abraham, à Isaac et à Jacob.

Je n'entreprendrai pas d'expliquer ici en détail ce qu'était cet ancien temple par rapport à la mosquée actuelle : ce serait un travail au delà de mes forces ; je dirai seulement que l'on ne peut s'empêcher d'éprouver une forte émotion quand on pense que le divin Sauveur a tant de fois passé aux lieux où nous sommes : ici, il a chassé les vendeurs ; là, il a renvoyé, sans la condamner, la femme adultère ; dans cet endroit, Marie et Joseph l'avaient trouvé assis au milieu des docteurs, etc., etc. C'est l'Évangile encore que l'on suit à chaque pas ; et cependant nous ne sommes que dans le Parvis. Nous défaisons nos chaussures et nous entrons dans l'intérieur de la mosquée, où nous sommes assaillis par un sentiment d'admiration, de respect et même de piété. Tout est grand ici : les proportions, la décoration, les sculptures et les peintures. Nous sommes à l'endroit du Saint des saints, qui renfermait le rocher sur lequel Abraham allait immoler son fils, quand l'Ange arrêta son bras. Les Musulmans le vénèrent sous le nom de Sakhrah ou *pierre sacrée ;* ils l'ont entouré d'une balustrade en bois artistement travaillée. A côté, ils veulent présenter à notre vénération la soi-disant empreinte d'un pied de Mahomet et deux poils de la barbe du Prophète ; mais nous aimons mieux admirer les vitraux, par lesquels nous vient une lumière douce aux teintes variées, que nos peintres ne sauront jamais rendre. Ces vitraux ne sont pas faits comme les nôtres : ce sont de simples verres coloriés dans lesquels l'art du pinceau n'entre pour rien ; c'est de la vitrerie pure et simple, des fragments de vitres découpés dans des verres unicolores ; le soleil se joue au milieu de tout cela, et l'effet est plus saisissant que celui de nos verrières les plus habilement travaillées. De plus, ces vitraux sont montés en plâtre et non en plomb ; des baguettes de fer ou de jonc traversent les joints les plus larges ; chaque morceau de verre se trouve enchâssé dans une espèce de petite lunette ; Il en résulte des teintes, des douceurs de tons que la plume ne peut décrire, et qu'augmente encore un grillage de faïence qui ferme la fenêtre et ne laisse passer qu'un jour doux et comme tamisé. — A l'extérieur, la mosquée d'Omar offre un coup d'œil imposant ; elle est entourée de magnifiques colonnes en marbre, et surmontée d'une haute coupole à double calotte, d'environ vingt mètres de diamètre.

Un peu plus loin, toujours sur la plate-forme, se trouve la mosquée El-Aksa, bâtie sur l'emplacement où eut lieu la Présentation de la Sainte Vierge. On y voit un *Mimbar* (ou chaire) très délicatement sculpté, et un *Mihrab* (lieu de prières) orné de jolies colonnettes. Puis on y montre les *Colonnes de l'épreuve*, très resserrées : le Paradis est promis, dit-on, à celui qui peut passer entre elles. On raconte qu'en 1881, un fidèle croyant y périt, son embonpoint ne lui ayant pas permis d'en sortir une fois entré ; depuis ce jour, un croissant en fer empêche les imprudents de tenter l'épreuve.

Nous descendons dans de vastes souterrains qui ont servi d'écuries à Salomon. Puis nous admirons de tout près, et non plus à distance comme dans la vallée de Josaphat, la porte Dorée, divisée en deux nefs par deux énormes colonnes monolithes et ornée de riches sculptures. Cette porte, par laquelle Notre-Seigneur entra dans Jérusalem le jour des Rameaux, ne s'ouvrait qu'une fois l'an jusqu'au XVIe siècle. Elle est murée maintenant parce que les Musulmans, interprétant à leur façon une prophétie apocryphe, croient que les Francs reprendront Jérusalem en s'y introduisant par cette porte. Ils accomplissent, sans le savoir, la parole d'Ezéchiel disant (ch. XLIV, v. 2) : « Cette porte sera fermée, elle ne sera pas ouverte et aucun homme n'y passera, parce que le Seigneur DIEU d'Israël est entré par cette porte. »

Au milieu des souvenirs sérieux que nous rappellent ces lieux sacrés, la note comique ne nous manque pas : en sortant des écuries de Salomon, Mme de Goncourt, Mme d'Avesnes et Melle Lecl... montent sur les remparts, d'où on jouit d'une vue ravissante sur la vallée de Josaphat, Siloé, le mont de l'Ascension, etc. Au lieu de revenir par l'escalier qu'elles ont gravi, elles continuent en longeant la muraille et se trouvent bientôt dans l'impossibilité de redescendre, car une hauteur de plusieurs mètres les sépare du sol. Cruel embarras! le temps manque pour retourner en arrière! Des jeunes gens complaisants se hissent jusqu'à elles, les prennent par les mains; soutenues par les poignets, elles se laissent glisser le long du talus; les *cawas* restés en bas les prennent par les pieds, et elles nous rejoignent riant de leur aventure qui avait excité notre hilarité.

Non loin de la mosquée d'Omar se trouvent les restes des murs salomoniens où les Juifs viennent pleurer tous les vendredis en chantant le psaume 69e.

Ce même jour, après le déjeuner, j'ai déposé moi-même sur le Saint Sépulcre tous les objets de piété que je veux rapporter en France. Oh! que tous ceux à qui je les remettrai goûtent un peu de mon bonheur et m'aident à rendre grâce à Dieu qui me l'a procuré!

CHAPITRE VINGT-SIXIÈME.
Adieux à Jérusalem.

QUE dirai-je encore de mon séjour à Jérusalem ? une messe au Patriarcat latin, dans la belle cathédrale à demi-gothique, ornée à l'italienne, avec des peintures à fresques et des draperies or et rouge. On nous présente à Monseigneur Piavi, le patriarche, beau vieillard à l'air majestueux, dont nous baisons l'anneau ; — d'autres messes entendues dans l'église paroissiale de Saint-Sauveur, où l'on peut gagner les mêmes indulgences qu'au Cénacle ; — une belle grand'messe chez les Grecs unis, où je commence à me familiariser avec le rite grec. Nulle part je ne prie mieux que dans la petite chapelle de Notre-Dame de France, (j'excepte bien entendu Gethsémani, le Calvaire, le Saint Sépulcre et Bethléem,) parce que nulle part le calme n'est aussi grand, le recueillement aussi facile. Que j'aime, le soir, à y faire le mois de Marie, à y examiner ma conscience, en me demandant si je sais bien profiter des immenses grâces que

Dieu m'accorde et dont tant d'autres profiteraient sans doute mieux que moi !

Nos dîners sont récréatifs, tout comme en Samarie, avec la fatigue en moins. Dans la grande réunion de tous les Pèlerins et des délégués des Communautés religieuses, — cinq cents convives environ, — on égaye le dessert par des chansons diverses ; et chaque soir quelque poésie nouvelle vient nous distraire. Les poètes fourmillent, Mr Tréca à leur tête, et j'aurais plaisir à reproduire tous ces chants, tous ces monologues qui me rappellent de si heureux instants ! Mais il faut savoir se borner, et redire le refrain des belles strophes du Père Marie-Jules :

> Encore une prière
> En quittant le saint lieu ;
> Plutôt que t'oublier s'éclipse la lumière !
> Jérusalem, adieu !

Non, l'oubli n'est pas possible à celui qui a vu la Ville Sainte ! les plus petits détails restent gravés dans la mémoire. Jérusalem devient vraiment une seconde patrie et l'on comprend ceux qui y retournent. A mesure que le moment du départ approche, on voudrait retenir les heures : ces quinze jours si bien remplis sont trop courts encore ! tant il est vrai que le cœur est insatiable, et que ce qui est bon ne devrait jamais finir !

CHAPITRE VINGT-SEPTIÈME.
De Jérusalem à Jaffa, par Ramleh.

C'est le cœur gros que le mardi 19 mai j'entends la messe pour la dernière fois dans la chapelle de Notre-Dame de France. La plupart des Pèlerins ne partiront que le soir; mais nous avons en perspective un long voyage, et, pour ménager nos forces, nous aimons mieux dormir dans un lit que de passer la nuit en voiture; c'est donc dès le matin que nous prenons place dans un landau, escortés de notre Abdallah, qui ne peut se décider à nous quitter et qui nous accompagne jusqu'à Jaffa. La route est assez accidentée; nous passons près du village d'El-Latroun, patrie de Dismas, le bon Larron, cet heureux « voleur de Paradis »; nous prenons notre repas de midi sous un figuier, et, vers deux heures, nous sommes à *Ramleh*, l'ancienne Arimathie, patrie de Joseph d'Arimathie et de Nicodème. Cette ville de 8400 habitants, presque tous Musulmans, a un couvent de Franciscains, dans lequel nous visitons l'emplacement de la maison de saint Nicodème, qui sert d'église. Nous voyons de loin la Tour des Quarante Martyrs, et, à cinq heures, après avoir admiré de superbes haies de cactus en fleurs et des jardins remplis d'orangers, de citronniers, etc., nous entrons dans *Jaffa*, l'antique Joppé, où Noé bâtit l'arche et où saint Pierre ressuscita Tabithe.

Nous retrouvons à Jaffa le Père Euthymos et Mr L.., qui nous y ont précédés et qui dorénavant vont nous servir de guides. Après une course infructueuse pour avoir nos bagages, qui ne sont pas arrivés, nous logeons chez le directeur de la Poste, cousin du curé de Gédaïdat, qui nous offre une hospitalité *arabe*, à laquelle nous ne sommes pas accoutumées : dîner arabe, plats inconnus, pain qui ne mérite pas ce nom, — mais grande affabilité. Ce qui me plaît surtout, c'est que ce Monsieur a eu l'heureuse idée de ne pas envoyer mes lettres à Jérusalem, et qu'il me les remet le soir même. Des nouvelles de ceux qu'on aime! c'est la plus grande joie en voyage! je ne le dirai jamais autant que je le pense.

Nous couchons dans le *Divan* ou salon, sur

des matelas que l'on organise sur les divans mêmes : c'est très-drôle. Nous sommes trois, avec une seule cuvette d'eau, sans serviettes ; heureusement, nous en avons dans nos bissacs. C'est le commencement de notre vie nomade ! Dans le Pèlerinage, tout était *à la française ;* maintenant nous allons faire connaissance avec les usages du pays.

CHAPITRE VINGT-HUITIÈME.
De Jaffa à Saint-Jean d'Acre.

Mercredi 20 mai. — Après une nuit sans sommeil, car la chaleur est extrême, je suis sur le port dès cinq heures et demie, avec un jeune Égyptien, grec-catholique, que nous avons connu au Caire, et qui comme nous est inquiet de ses bagages. Enfin, voici les nôtres annoncés : l'illustre Morcos nous affirme qu'ils arrivent à l'hôpital. Nous traversons toute la ville et les y trouvons en effet.

Après une messe entendue dans la chapelle, nous disons adieu à nos compagnes. Ce n'est pas sans un serrement de cœur que je les quitte : j'aurais voulu revenir avec elles jusqu'à Marseille pour jouir des exercices de piété du *Poitou*, qui certes nous manqueront au retour ! Hélas ! on ne peut tout avoir, et puisqu'une occasion unique s'offre à moi de faire un superbe voyage, je ne puis la laisser échapper.

Nous devions nous rendre à Saint-Jean d'Acre en voiture ; mais, au dernier moment, des difficultés s'élèvent au sujet des bagages, et nos cicerone frêtent une barque dans laquelle nous gagnerons en quelques heures l'antique Ptolémaïs, car le vent est favorable et « tout nous réussit », comme nous le dit notre hôte en nous amenant à bord. Mais, attendons la fin!!... A peine sommes-nous installés dans notre bateau que Mme de Goncourt et le P. Euthymos ont le mal de mer ; des femmes de matelots qui nous accompagnent sont malades aussi ; pour comble de malheur, le vent tourne d'abord, tombe ensuite; nos Arabes essayent de faire avancer à la rame : bientôt fatigués, ils se découragent, si bien que nous mettons vingt-cinq ou vingt-six heures pour arriver à destination !.... Un jour et une nuit, couchée au fond de cette barque, sans bouger, et sans prendre aucune nourriture ! c'est long. Mais on a le temps de penser quand on n'a pas le mal de mer. Je repassais dans mon esprit les six semaines qui venaient de s'écouler et les immenses satisfactions qui les avaient remplies ; je considérais l'imprévu de celles qui allaient suivre et qui commençaient d'une manière si étrange !...

Tout a été à souhait pendant le Pèlerinage de Pénitence ; en sera-t-il de même dans ce voyage d'agrément ? Il en sera ce qu'il plaira à DIEU. Ce que je ne veux pas oublier, c'est que nous pouvons rendre ce voyage méritoire en le changeant en véritable pèlerinage : nous allons suivre Notre-Seigneur à Tyr, à Sidon, à Banias, l'ancienne Césarée de Philippe ; puis nous suivrons saint Paul à Damas, à Éphèse, à Athènes et à Corinthe ; et, au milieu des antiquités que nous allons voir, les souvenirs religieux auront encore une grande place.

En attendant, nous sommes entre le ciel et l'eau, et les incidents tragi-comiques se multiplient : un mât me tombe sur la tête et casse le peigne qui retient mes cheveux : accident facile à réparer en France ! mais il n'en est pas de même en Syrie, et ce n'est qu'un mois plus tard qu'un marchand de Beyrouth me fournira l'objet désiré ; une vague embarque, inonde le chapeau de ma compagne et le sable sur lequel nous sommes étendues. Je prends patience en contemplant les étoiles et le phare du Carmel, vers lequel nous nous dirigeons bien lentement.

Nous voici à la hauteur de *Césarée de Palestine*, aujourd'hui Kaissarieh ; nous en distinguons quelques ruines en regrettant de ne pouvoir y aborder. C'est sur l'emplacement de la Tour de Straton qu'Hérode avait fait creuser un port, vingt-cinq ans avant notre ère, et avait bâti près de ce port la ville qu'en l'honneur de César il appela Césarée. Des tronçons de colonnes et des pans de murs sont tout ce qui reste du château-fort, du Palais-Royal, du Théâtre, et de la Prison dans laquelle saint Paul resta enfermé deux ans, après avoir confessé Dieu devant le gouverneur Félix, et raconté sa conversion devant Festus et Agrippa. (*Actes*, XXIV et XXVI.)

Bientôt la nuit nous empêche de distinguer la côte, et, la tête sur mon bissac, très-dur oreiller, j'allais enfin dormir, lorsqu'un de nos Arabes entonne une chanson criarde et plaintive à la fois ; quand il a fini, un autre le remplace ; ils ont peur sans doute de se laisser aller au sommeil, et nous empêchent de nous y livrer ! Que ce chant arabe est monotone et fatigant ! ces sons gutturaux m'arrachent la poitrine, et les chanteurs eux-mêmes semblent épuisés ! Pourquoi continuent-ils dans ces conditions ? impossible de le savoir, puisque nous ne nous comprenons pas ; les signes ne nous servent à rien ; je crois, en vérité, que plus nous voulons les faire taire, plus leurs voix deviennent aiguës et nous écorchent le tympan. Patience donc ; tout finit et nous arriverons au port.

Saint-Jean d'Acre. (D'après Mme de Goncourt.)

CHAPITRE VINGT-NEUVIÈME.
Saint Jean d'Acre.

Il est au moins neuf heures quand, le jeudi 21 mai, nous sortons enfin de notre barque! Nous voici à Saint-Jean d'Acre, où saint Louis fit un si long séjour, et qui, à ce titre, m'offre tant d'intérêt. Nous sommes reçus à merveille chez Mgr Doumani, l'évêque grec-catholique, déjà très-âgé (88 ans), mais dont le neveu et vicaire général parle très-bien le français et nous accueille avec toute l'ardeur orientale.

Nous sommes logées, Mme de Goncourt, Melle Lec et moi, dans une immense pièce, au milieu de laquelle on nous apporte un large baquet plein d'eau pour nos ablutions. Nous aimerions mieux des récipients moins vastes et plus nombreux ; nous nous faisons comprendre difficilement, car il semble tout naturel aux Arabes, même francisés, que la toilette se fasse en commun.

Tout nous paraît bizarre : les maisons sont composées de terrasses et d'étages superposés; par les terrasses, on est à côté les uns des autres, mais, pour se joindre, il faut descendre un escalier et en remonter un autre. Le Père Doumani est plein d'entrain ; sa gaieté est toute française, et nous fait vite oublier la fatigue de la nuit précédente.

Après un déjeuner arabe, auquel nous faisons honneur quand même, nous sortons pour visiter la ville avec M^r le vicaire général, le P. Macaire, à la figure réjouie, et deux dames, nièces du P. Doumani. Ces dames sont vêtues moitié à l'européenne, moitié à la turque : elles ont, malgré la chaleur, des corsages de velours sur des jupes claires, un voile pour coiffure et des gants de peau foncés.

St-Jean d'Acre (Akka), appelée Ptolémaïs à l'époque où les Lagides possédèrent la Syrie (286 av. J.-C.), a de huit à dix mille habitants, dont les deux tiers sont Musulmans. Du côté de la terre, s'élèvent de belles fortifications récemment construites ; on voit dans la mer les restes des anciennes fortifications, détruites par le bombardement de 1840.

Les souvenirs historiques abondent ici : St Paul y passa un jour ; les Croisés la prirent en 1191, et c'est alors que les Chevaliers de

St-Jean s'y établirent, et que le nom de Ptolémaïs fut changé en celui de St-Jean d'Acre ; elle fut, sous St Louis, le dernier asile des Chrétiens en Palestine. Nous visitons l'hôpital militaire, ancien hôpital des Templiers, dont les constructions inférieures remontent aux Croisades ; les écuries des Croisés y existent encore ; les murs en sont énormes.

Le couvent des Clarisses nous rappelle l'héroïsme de ces saintes Religieuses, qui, en 1291, quand la ville fut prise par le sultan d'Égypte, se coupèrent le nez pour échapper au déshonneur. Enfin, la mosquée de Djezzar nous paraît élégante. Construite à la fin du 18e siècle, on y voit à profusion le marbre et le granit rose, qui proviennent, dit-on, des ruines de Tyr et de Césarée. Ce fut sous Djezzar-Pacha que Bonaparte tenta en vain de s'emparer de St-Jean d'Acre ; on sait que la résistance fut dirigée surtout par le général anglais Sidney Smith, ce qui faisait dire plus tard à Napoléon : « Cet homme m'a fait manquer ma fortune. »

Nous jouissons le soir d'une vue splendide, et nous restons assez tard sur notre terrasse à contempler la mer, les ruines de l'ancien môle, et toujours au loin, comme une étoile, le phare du Carmel, image de Marie, qui toujours nous guide, nous éclaire et nous conduit vers DIEU !

CHAPITRE TRENTIÈME.
De Saint-Jean d'Acre à Tyr.

Vendredi 22 mai. — Dès quatre heures et demie je suis sur pieds, car la journée sera longue. Nous entendons une messe grecque, et, après avoir dit adieu à Monseigneur, qui nous donne sa bénédiction, au bon P. Doumani et aux autres Pères de l'évêché, tous pleins de cœur, nous nous mettons en marche pour Tyr. Nous sommes une véritable petite caravane, puisque nos bagages nous suivent à dos de mulets ; nos moukres ont des ânes ; enfin nous avons neuf montures pour sept personnes. Voilà donc nos grandes chevauchées recommencées ; mais cette fois je suis aguerrie ; puis nous sommes libres, et si la fatigue était trop forte, nous pourrions nous arrêter.

Le chemin que nous suivons n'offre aucune difficulté. Nous côtoyons des bois d'orangers ; nous apercevons quelques villages insignifiants, et nous faisons halte, à onze heures et demie, sous des figuiers d'un vert admirable, près de El-Boussah. La vue est ravissante : la mer est à une très-petite distance ; un ruisseau nous en sépare et nous fournit une eau délicieuse. Nous mangeons d'assez bon appétit nos maigres provisions, et nous nous remettons en route avec courage.

Bientôt un coup de tonnerre nous surprend, et une ondée de quelques minutes nous fait chercher un abri dans un petit hameau, nommé Skandérouna ; nous sommes dans un *khan* ou abri, comme nous en rencontrerons souvent dans la suite de notre voyage ; une belle source jaillit à côté, et nous pouvons nous y desaltérer à notre aise.

Mais le soleil, à peine caché sous un petit nuage, reparaît pour ne plus nous quitter. Nous arrivons au pied du *Ras el Abyad* (cap blanc), que nous gravissons hardiment malgré ses dalles de pierre glissantes ; nous atteignons bientôt le point culminant du cap ; nous sommes alors sur un rocher à pic, qui surplombe de quatre-vingts mètres dans la mer ; le coup d'œil est grandiose et ne laisse pas songer au danger. La descente est réellement difficile sur ces véritables marches d'escalier, et quand, au tournant le plus élevé, nous apercevons des chameaux chargés de bagages qui viennent en sens inverse, nous avons un instant d'anxiété. Elle dure peu, car nos chevaux intelligents savent se prêter aux circonstances et nous amènent sans encombre au bas de la colline.

Tyr, que nous apercevons depuis longtemps, semble reculer à mesure que nous avançons ; nous trottons cependant bel et bien ; nous traversons à gué des ruisseaux, des rivières ; nous apercevons sur la droite le monticule où est le tombeau d'Hiram, contemporain de Salomon ; nous nous arrêtons parfois pour ramasser des éponges que la mer a laissées sur la plage ; et à sept heures nous arrivons à *Tyr* (que les Arabes appellent *Sour*, rocher), après avoir passé, presque sans nous en douter, sur l'emplacement de l'ancienne Tyr (Palæ Tyr), dont on ne voit plus aucune trace.

Nous sommes reçues à l'archevêché par Monseigneur Zoulhof, qui nous attendait et nous fait l'accueil le plus cordial. Mes deux compagnes, très-fatiguées, se retirent aussitôt le dîner, et je cause longuement avec Sa

Grandeur, qui aime la France, y est venu il y a deux ans, y a de nombreux amis, et parle le français avec beaucoup de facilité. L'archevêché est fort grand : une belle cour plantée au milieu ; de larges divans au rez-de-chaussée avec la salle à manger ; au premier, des appartements à la française ; nous avons nos chambres séparées, et cependant tout près les unes des autres ; plus haut, une immense terrasse, d'où la vue est ravissante et où Monseigneur a encore un divan et ses appartements particuliers.

Me voici donc à Tyr, cette ville fameuse entre toutes dans l'antiquité, déjà célèbre sous Josué, patrie de Sanchoniaton, le plus ancien historien après Moïse. L'histoire de Pygmalion et de sa sœur me revient en mémoire ; mais j'aime mieux me souvenir que c'est ici près que Notre-Seigneur guérit la fille de la Chananéenne, et je m'endors en pensant à la foi et à l'humilité de cette femme, qui demandait seulement les miettes de la table et qui obtint de si grandes grâces.

Tyr. (D'après Mme de Goncourt.)

CHAPITRE TRENTE-ET-UNIÈME.
Séjour à Tyr.

Samedi 23 mai. — On dort bien ici, et l'on y jouit d'un très-grand calme. Les rues sont étroites, mais beaucoup plus propres que dans la plupart des villes d'Orient ; elles sont pavées de petits cailloux pointus, enfoncés profondément, et la marche n'y est ni difficile, ni fatigante. Au milieu de la rue, une espèce de ruisseau, de vingt à trente centimètres, suffit pour le passage des chevaux, qui courent dans cet étroit espace comme dans une large plaine. L'église grecque, attenante à l'archevêché, est assez spacieuse, et entourée de cours et de jardins où peuvent jouer les enfants des écoles.

Nous visitons les Sœurs de Saint-Joseph, qui nous accueillent avec une charmante simplicité, et où nous promettons de revenir. Nous nous promenons au bord de la mer, en admirant les ruines de l'ancienne cathédrale qui renfermait les tombeaux d'Origène et de Frédéric Barberousse. Elle paraît avoir été reconstruite par les Croisés, sur les débris d'une basilique qui remontait aux premiers siècles du Christianisme. On se rend compte que sa longueur devait être de soixante-dix mètres et sa largeur de vingt-deux ; elle avait trois nefs et trois absides contiguës flanquées de tours. Des fûts de colonnes en granit ou en marbre rose d'Égypte sont tout ce qu'il en reste. Nous y avons remarqué de magnifiques colonnes doubles, formées de deux fûts monolithes parallèles, réunis à la base et au sommet, et qui ont huit mètres de long sur trois de circonférence ; leurs chapiteaux corinthiens ont été brisés ; on n'en voit que des fragments.

Après le dîner, nous regardons l'éclipse de lune, très-visible, et nous entendons une foule de gens qui, avec accompagnement de cymbales et de tambourins, chantent à tue-tête : « *Yaouthé, dachéré kamar na :* Dragon, ne mange pas notre lune. » D'autres répètent : « *Bikayat, ellazy kamar na :* Grosse bête (dragon), laisse notre lune. » Ceci nous amène à parler des usages et à apprendre quelques mots usuels. Ainsi les convives, après le repas, disent : « *Déinemi*, Toujours » (que votre table soit toujours dressée); l'hôte répond : « *Anesto*, Nous nous réjouissons, » et l'on reprend : « *Tcharafna*, Nous sommes très-honorés. » — On ne dit pas aux prêtres, comme en France : Monsieur l'abbé ou Monsieur le Curé, mais : *Abouna*, mon Père.

L'arabe est une langue très-difficile pour nous autres Européens ; il y a des sons que nous ne pouvons rendre et qu'aucun assemblage de nos lettres n'arrive à reproduire. Au contraire, les Arabes apprennent très-aisément le français et le parlent presque sans accent ; en tout cas, cet accent est beaucoup moins fort et beaucoup plus agréable que celui de nos Méridionaux.

Dimanche 24 mai. — Nous devions partir pour Sidon aujourd'hui, mais Monseigneur Zoulhof y met opposition. Nous entendons, dès le matin, une messe latine dans la chapelle des Sœurs de Saint-Joseph. Cette chapelle, au premier étage de leur maison, a des fenêtres sur la mer, et rien ne peut rendre le calme dont on y jouit. Nous avons le bonheur d'y communier ; et, le balancement du navire en moins, je me crois transportée sur la dunette du *Poitou*, au milieu des flots.

Après le café au lait, offert par les bonnes Sœurs, nous assistons à la grand'messe grecque. En notre qualité d'étrangères, nous avons des sièges dans la partie de l'église interdite aux femmes, et nous jouissons mieux de toutes les cérémonies. Puis le Père Euthymos nous conduit dans trois familles tyriennes ; on nous y reçoit dans des *divans* spacieux où l'air circule de manière à ce qu'on ne souffre pas de la chaleur. Après un verre de limonade et une tasse de café noir, on nous y offre le *narghileh*, que les femmes fument tout aussi bien que les hommes. J'en aspire trois bouffées, pour savoir ce que c'est : je n'y trouve aucun charme, et ne comprends pas comment on peut passer tant d'heures à écouter le glou glou de l'eau dans la carafe! Je m'y endormirais vite, et je préfère regarder les vieilles verroteries de Tyr, dont le coloris est tout à fait remarquable. Les dames qui nous reçoivent sont fort élégantes, plusieurs en robes de velours, malgré la température d'au moins 30 à 35 degrés, et couvertes de diamants dès le matin.

Dans l'après-midi, nous voyons un enterrement grec catholique ; la seule particularité, c'est que le noir n'y est pas de rigueur : les assistants sont, pour la plupart, en rose, en rouge et en jaune ! En quoi cela pourrait-i nous choquer ? tout est affaire de convention, et la couleur ne fait pas le deuil ; combien se réjouissent sous le crêpe sombre ! combien pleurent sous de gais ornements !

Pour nous donner une idée des mœurs et coutumes du pays, Monseigneur nous emmène, à dix heures du soir, assister à un mariage qu'il célèbre lui-même dans une famille catholique. La cérémonie n'a pas lieu à l'église, mais chez les parents de la jeune fille. Nous entrons dans une salle où la mariée est entourée des dames invitées ; elle est vêtue d'une robe rose, couverte de fleurs d'orangers ; un grand voile l'enveloppe sans la cacher, et son air triste nous fait bâtir tout un petit roman, qui, heureusement, nous dit-on plus tard, est loin de la vérité : il est de bon ton, ici, que les jeunes gens qui s'épousent aient l'air de ne se pas connaître, ne se regardent pas et ne s'adressent pas la parole ! C'est bon à savoir pour ne pas les plaindre à tort !! On nous donne à chacune un grand cierge allumé et nous passons toutes dans une salle où nous trouvons les hommes, et où Monseigneur et son clergé nous attendent devant une table sur laquelle sont posés les objets nécessaires à la cérémonie. Les futurs époux, ayant à côté d'eux, non pas leur père et leur mère, mais un parrain et une marraine choisis dans leur famille ou leurs amis, viennent se placer devant l'archevêque, qui fait de longues prières sur eux, enlace leurs mains, leur pose sur la tête des diadèmes qu'il entre-croise, symbole de l'union qui doit exister entre eux ; puis ils boivent dans le même verre, et font trois fois en procession le tour de la table. Tout cela est long et très-intéressant : ces lumières qui s'agitent dans les mains des assistants, ces costumes variés, élégants et bizarres, et, à côté, ce clergé sévère, revêtu de riches ornements : tout cela me fait l'effet d'une représentation théâtrale ; je me demande, comme je l'ai déjà fait tant de fois depuis le commencement de mon voyage, si je ne suis pas le jouet d'un rêve, et si je ne vais pas me réveiller dans mon lit, là bas, « en douce France ! »

Nous entrons ensuite, tous ensemble cette fois, dans une autre pièce garnie de divans, sur lesquels nous prenons place. Les mariés sont assis à côté l'un de l'autre, toujours avec leur air ennuyé et préoccupé. On apporte des narghilehs, des verres de limonade et une cruche d'eau, dans laquelle les élégantes invitées boivent à la ronde : autre sujet d'étonnement pour nous !... Toutes ces dames, dont les robes sont pour la plupart en étoffes fort riches, dont les mains et les bras sont chargés de bijoux et de pierres précieuses, n'ont pas de gants. Elles n'en mettent que pour sortir quand il fait froid. Ont-elles tort ? je ne le crois pas. Si nous nous étonnons de leurs usages, elles doivent, elles aussi, regarder avec curiosité ces étrangères, coiffées d'énormes chapeaux de paille, et dont les robes toutes simples leur donneront une pauvre idée des toilettes françaises !

Le temps passe vite dans ces études locales. Il nous faut rentrer, précédés de falots, et fermer nos malles, qui doivent partir pour Gédaïdat demain avant le lever du soleil. Nous ne gardons dans nos bissacs que le strict nécessaire, car les chemins seront durs et il ne faut pas charger nos chevaux.

CHAPITRE TRENTE-DEUXIÈME.

Départ de Tyr. — Sidon. — Nabatîyeh. — Arrivée à Gédaïdat.

Undi 25 mai. — Notre caravane se divise : Mr Les... et Melle Lec... vont directement à Gédaïdat, tandis que nous allons nous diriger vers Sidon.

Monseigneur Zoulhof est distingué, aimable et réservé tout ensemble ; il me donne sa photographie, et j'emporte un très-doux souvenir de mon séjour chez lui : Tyr est vraiment une ville à part ; elle ne compte guère que 5000 habitants, dont la moitié Musulmans, et, avec ses maisons blanches, carrées, aux larges terrasses, elle a un aspect de grande ville qu'augmente encore le prestige de son nom.

Après un dernier adieu, une dernière prière dans l'église, nous partons vers neuf heures, Mme de Goncourt et moi, escortées du Père Euthymos et du Frère Matha, Religieux Basilien qui retourne à Sidon.

La route est plate, mais l'air est bon, car nous côtoyons la mer. Nos chevaux intelligents marchent de préférence dans le sable mouillé, où ils enfoncent moins, et le flot baigne leurs pieds ; le soleil miroite dans l'eau bleue de la Méditerranée ; des senteurs d'algues marines nous embaument, et, tout en tournant nos cœurs vers l'Occident, où nous avons laissé ceux qui nous sont chers, nous traversons les ruines informes de *Sarepta*, où Élie multiplia l'huile de la veuve et ressuscita son fils. Ces ruines occupent un long espace, d'au moins deux kilomètres, au bas du village de Sarfend. Nous faisons halte près de là, à *Aïn el Kantara*, le *khan près de la source;* nous déjeunons, étendues sur une natte, un léger abri en feuillage sur nos têtes, ayant la mer devant nous et un ruisseau à côté ; c'est très pittoresque : on voudrait pouvoir s'y reposer plus longtemps. L'heure nous presse, car nous voulons arriver à Sidon avant la nuit. Il est six heures quand nous faisons notre entrée dans cette ville jadis si célèbre st si déchue maintenant !!

Saïda, l'antique *Sidon*, la plus ancienne ville de la Phénicie, compte 12.000 habitants, où les Musulmans sont en grande majorité. Les jardins qui l'entourent en font le plus bel ornement : les orangers, les citronniers, les bananiers, les grenadiers, etc., y croissent en abondance, et l'on y récolte une petite espèce d'abricots excellents, quoique très-différents des nôtres. La ville, plus grande que Tyr, est moins régulièrement bâtie ; les rues y sont propres, mais aussi moins monotones, et des palmiers superbes surgissent tout à coup au coin d'une ruelle étroite et embellissent le paysage. Nous logeons dans une sorte d'*hôtel* où nos fenêtres n'ont pas de vitres ; elles sont fermées par une espèce de contrevent mal joint qui préserve du soleil, mais laisse passer l'air, même la nuit. Heureusement que la température ne permet pas de se refroidir !

Nous allons immédiatement chez les Franciscains et les Jésuites ; nous causons longtemps avec le Supérieur de ces derniers, qui ont à Sidon un superbe établissement, et il est tard quand nous rentrons pour dîner. La fatigue se fait sentir ; nous goûtons à peine à nos peu appétissantes provisions : ce n'est que le début de nos longs jeûnes !

MARDI 26 MAI. — Dès sept heures, nous sommes à la messe de la paroisse latine, car nous allons nous enfoncer dans les diocèses grecs, et il nous faut profiter des rares occasions où nous pourrons faire la sainte Communion. (On sait que les Latins ne peuvent communier à la grecque, c'est-à-dire sous les deux espèces, qu'en cas de mort).

Après un bon café au lait chez les Sœurs, qui font elles-mêmes leur pain à la française, nous rendons visite à Monseigneur Basilios Aggiar, archevêque de Saïda et Deir el Kamar, beau vieillard, qui nous reçoit à merveille, en nous reprochant de ne pas lui avoir demandé l'hospitalité. Nous admirons, comme je l'avais déjà fait à Saint-Jean d'Acre et à Tyr, le costume des évêques grecs : soutane de soie rouge ou violette, avec un vêtement demi-long de velours violet ; la croix pastorale et l'anneau ; pour sortir, le grand voile noir, avec diadème, qui encadre la figure, et rend plus d'éclat au teint mat et aux yeux brillants de l'Arabe. Monseigneur Aggiar nous donne sa photographie, sa bénédiction, et, sous la conduite du Frère Matha, nous allons visiter ce qui reste de la Nécropole. Nous marchons plus d'une heure, sous un soleil de plomb,

Sidon. (D'après Mme de Goncourt.)

entre de hautes murailles, et les quelques tombes que nous voyons ne compensent guère la fatigue de la course. Mais la vue du *Qalat el Bahr* (*château de la mer*) m'enchante et me fait oublier la poussière et la chaleur : ce sont des ruines, des tours, des colonnes baignées par la mer, et qui formaient autrefois une forteresse que les Croisés appelaient le *Château de Sayette* ; il en est parlé dans Joinville.

Avant de faire cette promenade, nous avions visité le *khan français*, immense bâtiment carré, à plusieurs étages, qui était jadis l'entrepôt du commerce français en Syrie ; l'église latine, les Sœurs, le Consulat, en occupent une partie.

A une heure, nous faisons nos adieux au Frère Matha, désolé de nous quitter : les dames françaises sont rares en ce pays ! et nous montons à cheval, avec le Père Euthymos, et un seul moukre pour nos chevaux. Comme Notre-Seigneur, nous quittons les confins de Tyr et de Sidon afin de gagner la Décapole. Gédaïdat est devenu pour moi un but désiré ; c'est le port où nous nous reposerons de cette vie errante, très-attrayante, mais dont on se lasse vite.

A peine avons-nous quitté Sidon, que le ciel s'obscurcit et qu'une ondée nous force, comme le pigeon de La Fontaine, à chercher refuge en quelque lieu. Ce n'est pas un arbre mais un khan, ou abri abandonné, qui s'offre à nous. Sans descendre de cheval, et déjà très-mouillées, nous nous y arrêtons quelques minutes. La pluie cesse ; elle ne reprendra pas, nous dit-on, car il ne pleut jamais en cette saison. Sur cette assurance, nous nous remettons en route...., et la pluie recommence et tombe sans arrêt, poussée par un vent violent, et avec une abondance que nous ne connaissons pas dans nos climats. Nos robes de toile sont bientôt trempées ; nos ombrelles se retournent ou se cassent ; ma compagne perd son bissac, que le moukre retrouve, mais dont la recherche nous retarde ; les chemins sont de plus en plus difficiles : ce sont de vraies marches d'escaliers qu'il nous faut escalader ou descendre ; la pluie les rend si glissantes que nos vaillants chevaux hésitent à s'y engager ! Oh ! si l'on nous voyait de France, comme l'on tremblerait pour nous!! Mon cœur est calme cependant, tant est grande ma confiance aux prières que l'on fait pour moi.

Il est huit heures, et la nuit est noire depuis longtemps, quand nous arrivons à *Nabatiyeh*. Nous recevons l'hospitalité chez le curé, qui vit seul, avec sa sœur, dans la pièce unique qui sert de presbytère. On allume un *brasero* pour nous sécher, puisqu'il n'y a pas de cheminée. Essai infructueux! impossible d'ôter nos bottines, que nous ne pourrions plus remettre demain; nous n'avons même pas une paire de bas dans nos bissacs! La fatigue nous ôte la faim et nous nous couchons sans manger; nos lits sont faits sur un divan; la sœur du curé couche par terre entre nous deux; quant aux deux Pères, ils s'étendent sur une natte dans la partie de l'église qui sert d'école.

Nous dormions d'un profond sommeil, lorsqu'un bruit étrange nous réveille : Mme de Goncourt essaye des allumettes qui ne prennent pas; notre jeune compagne allume et pousse un cri : l'eau, perçant la terrasse, tombait sur nos lits, qu'il nous faut quitter au plus vite; elle étend nos matelas sur la terre dans un autre coin, et nous redormons, mais pas longtemps. J'ai hâte d'arriver à Gédaïdat.

Mercredi 27 mai. — Le ciel est encore sombre. Nous faisons à la hâte nos remerciements au pauvre curé, que nous avons si fort dérangé hier soir, et nous repartons, traversant à cheval Nabatiyeh, gros village d'au moins 1800 habitants, presque tous Métoualis (secte de Mahométans qui regardent Ali comme égal et même supérieur à Mahomet). La route n'est pas trop mauvaise ; d'ailleurs nous nous familiarisons avec les pierres et les rochers. Nous descendons sans crainte une longue montagne qui nous amène au bord du *Nahr Leïtani*, rivière bordée de lauriers-roses ravissants ; nous en avions rencontré hier près de chaque ruisseau traversé, mais la pluie nous empêchait de nous extasier devant leurs riches couleurs.

Encore un effort, une longue côte à gravir, et voici les premières maisons de *Gédaïdat !* La ville est grande ; les rues sont à peine tracées ; les pierres y abondent, et les dernières minutes nous semblent éternelles. Un dernier assaut pour escalader de larges dalles glissantes, et nous sommes dans la cour de l'évêché ! *Deo gratias !* Monseigneur Géraïgiry s'avance vers nous les mains tendues, et fait passer son cœur dans la pression de ses doigts. Je me sens immédiatement en pays ami, heureuse d'être au port.

CHAPITRE TRENTE-TROISIÈME

Séjour à Gédaïdat. — La Fête-Dieu. — Les cérémonies grecques. — Aspect de la ville.

Une grosse déception nous attend : nos bagages ne sont pas arrivés ! une discussion avec le chamelier de Tyr a empêché de les lui confier ; on doit les envoyer chercher d'ici, et nous ne les aurons que vendredi soir. Que faire jusque-là, avec nos robes mouillées, salies, et sans linge ni chaussures de rechange ? Rien, que de prendre son parti gaiment ; et pendant que la bonne Mme Les... fait laver nos jupes, force m'est de rester en jupon court et de m'envelopper, malgré la chaleur, dans un immense tartan, qui me cache un peu. C'est dans cet accoutrement grotesque que je déjeune et que je fais des visites. En France, on me montrerait du doigt ! ici, on croit peut-être que c'est la mode. Je prends très vite mon parti de ces petites misères, et je jouis beaucoup de tout ce que je vois, de tout ce que j'entends.

Gédaïdat est une ville nouvelle de 3 à 4000 habitants. Monseigneur Géraïgiry y a établi le siège de son évêché, parce que Banias ou *Panéas*, l'ancienne Césarée de Philippe, n'est plus qu'un hameau, entièrement musulman, et que, d'ailleurs, il n'est pas assez au centre du diocèse. Nos deux chambres communiquent, et, de nos fenêtres, nous voyons le grand Hermon, toujours couvert de neige.

Monseigneur de Panéas, dont j'avais baisé l'anneau à Saint-Quentin, en 1887, est un homme très distingué, très aimable, très digne et surtout plein de cœur. Sa conversation m'intéresse et me captive ; je suis si heureuse d'être à Gédaïdat que la suite de notre voyage me tente à peine. Je veux jouir de notre halte ici, comme j'ai joui de Jérusalem.

Nous ne devions nous y reposer qu'une semaine, mais Monseigneur nous retient sous différents prétextes ; nous nous laissons facilement gagner, et je me trouve si bien de notre vie calme, que le 8 juin arrivera encore trop tôt à mon gré.

Le lendemain de notre piteuse entrée à Gédaïdat, c'était la Fête-Dieu, célébrée ici le jour même où elle tombe. Nous assistons à une grand'messe pontificale et nous admirons, dans toute leur pompe, les cérémonies orientales si imposantes.

Sans entreprendre de donner une description détaillée des ornements grecs, je dirai seulement qu'ils diffèrent beaucoup des nôtres, et ont en général une plus grande ampleur. Pour en avoir une idée, il faut se reporter aux tableaux qui représentent les Pères de l'Église grecque : saint Grégoire de Nazianze, saint Basile, saint Jean Chrysostome. Le prêtre a la chasuble longue sans manches, qui enveloppe tout le corps. L'évêque a une *chasuble* très-longue, de forme spéciale, difficile à définir ; elle a des manches, et l'étole que l'on met par dessus tombe derrière comme devant. De plus, il suspend au côté droit de sa ceinture l'*hypognation*, sorte de carton en forme de losange, qui a 30 centimètres de longueur, et dont le milieu est orné d'une croix entourée de broderies. C'est ce même ornement que le Souverain-Pontife porte au côté gauche dans les grandes solennités. — La *mitre* est différente de celle des Latins :

elle a la forme d'une tiare ; — la *crosse* est une longue canne surmontée d'un serpent. Quant à la *chape*, elle est beaucoup plus ample et plus longue que les nôtres, et donne à l'officiant un air majestueux qui convient bien aux cérémonies religieuses.

J'étudie avec intérêt le rite grec, tout à fait nouveau pour moi ; et grâce à un petit livre du Père Katèbe, curé de Saint-Julien-le-Pauvre, à Paris, j'apprends vite à suivre la messe. Nous sommes, avec les femmes, à une tribune grillée, d'où nous voyons toute l'église. Le sanctuaire est séparé de la nef par une clôture nommée *iconostase*, dans laquelle sont ménagées trois portes, fermées par des rideaux, que l'on tire ou que l'on ouvre à différents moments pendant la messe. La porte du milieu est plus large que les autres. Le maître-autel a la forme presque carrée. A sa gauche est la *Prothèse* ou autel de préparation ; c'est là que le prêtre et le diacre, dès qu'ils sont habillés et qu'ils se sont lavé les mains à la sacristie, viennent préparer la matière du sacrifice. Le prêtre découpe, avec une petite lance, l'hostie dessinée dans un *pain levé*, et la pose sur la patène de manière à ce que la croûte du pain soit en dessous ; puis le diacre verse le vin et l'eau dans le calice. Une petite étoile d'or ou *astérisque* est assujettie à la patène, de manière à ce que le voile qui recouvre le calice et l'hostie ne touche pas à cette dernière. C'est en procession, qu'au moment de l'Offertoire, on va chercher le tout à la Prothèse. Pendant que le prêtre dit à voix basse de très belles prières, on chante une grande quantité de *Kyrie*. Les paroles de la consécration se prononcent à haute voix, au milieu du plus profond silence, car on ne se sert pas de petite sonnette.

A la messe pontificale, quand, avant l'épitre, on chante le *Trisagion*, comme il est conservé dans l'Église latine le Vendredi-Saint, *Agios ô Theos* (trois fois), l'évêque donne une triple bénédiction au peuple : il tient dans sa main droite le *Tricerium*, cierge à trois branches, représentant les trois personnes de la Sainte-Trinité ; et dans sa main gauche le *Dicerium*, cierge à deux tiges, représentant les deux natures de Notre-Seigneur.

Tout est symbolique en Orient, et dans la liturgie plus que partout ailleurs. Une des choses qui m'étonnent le plus, c'est qu'il n'y a aucune statue dans l'intérieur des églises : elles sont permises à l'extérieur seulement. On vénère des *tableaux* représentant Notre-Seigneur, la Sainte Vierge, le saint Patron, en posant sa main dessus et en faisant le signe de la Croix, non pas comme nous, mais en portant la main à l'épaule droite avant la gauche, parce que, selon la Tradition, la main droite de Notre-Seigneur aurait été clouée la première. — La génuflexion est remplacée par la prosternation, et, dans la pratique, on touche simplement le sol avec son doigt et on fait le signe de la croix.

Nous avons suivi, le jour de la Fête-Dieu, la procession du Saint-Sacrement, au milieu d'une foule énorme et recueillie ; ma pensée se tourne alors vers notre pauvre France, où cette satisfaction nous serait refusée, et mes yeux s'emplissent de larmes.

Le dimanche suivant, nous assistons à un baptême par immersion ; on plonge l'enfant dans l'eau par trois fois ; puis le Père Euthymos donne aussitôt la Confirmation au nouveau baptisé, comme on le faisait dans la primitive Église. Ce n'est qu'à la suite du baptême que le prêtre peut et doit administrer la Confirmation. Mais quelqu'un qui n'aurait pas été confirmé aussitôt le baptême ne pourrait l'être que des mains de l'évêque.

Nous avons donc vu administrer selon le rite grec les principaux sacrements. La Communion, je l'ai déjà dit, se fait sous les deux espèces : le célébrant vient avec le calice à la porte du milieu de l'iconostase, et prend avec une longue cuillère quelques parcelles de la sainte hostie mêlées au vin pour les distribuer aux hommes, qui se tiennent debout ; les femmes, qui n'entrent jamais dans la grande nef, descendent de leur tribune pour communier à un petit autel latéral. Chose étrange : ce sont les hommes ici qui communient le plus fréquemment !

Monseigneur Géraïgiry, qui comprend notre privation de ne pouvoir faire la sainte Communion, fait venir un prêtre maronite, qui nous dit la messe et consacre des hosties que Monseigneur conserve pour nous communier plusieurs fois. (Les Maronites consacrent comme les Latins, avec du pain azyme.)

Le diocèse de Panéas a été rétabli en 1886, en faveur de Monseigneur Géraïgiry, qui a une lourde tâche à remplir : il n'est pas facile de tout créer dans un milieu composé en grande partie de Musulmans et *surtout* de schismatiques, plus hostiles encore que les infidèles. Il faut à la fois douceur et fermeté, patience et énergie, affabilité et dignité ; il faut, par-dessus tout, intelligence et piété. Aucune de ces qualités ne manque à Monseigneur Pierre, et tout marche à souhait dans le nouveau diocèse.

Les écoles prospèrent, et ce sont les écoles qui préparent l'avenir. Le français y est enseigné avec beaucoup de succès ; nous les visitons toutes ; les enfants nous font des compliments très-bien dits ; nous leur distribuons des images, qu'ils viennent recevoir en nous baisant la main et en la portant à leurs fronts. Les cris de : Vive la France ! nous touchent d'autant plus que nous sommes dans un pays encore plus différent du nôtre que ceux que nous avons parcourus jusqu'ici : on ne peut en sortir autrement qu'à cheval, et il faut la sûreté de pied du cheval arabe pour ne pas glisser sur les pierres roulantes qui servent de chemin, et sur lesquelles les enfants courent sans chaussure d'aucune sorte et sans se blesser.

L'évêché n'est pas achevé ; les maçons y travaillent à force ; ce sont les femmes qui servent de manœuvres et montent le plâtre et la chaux. Ici, comme à Jérusalem, les mulets ou les ânes portent les pierres, et l'on comprend que ce transport demande un temps énorme ! Pour les gros fardeaux, on emploie les chameaux, et nous en rencontrons souvent dans nos promenades aux alentours.

Gédaïdat. (D'après Mme de Goncourt.)

CHAPITRE TRENTE-QUATRIÈME.

Debbin. — La nourriture arabe. — Un dîner de Bédouins.

Nous visitons Debbin, très-petit village, situé à un quart-d'heure de Gédaïdat. Les maisons y sont construites d'une façon très-primitive : une grande pièce réunit tous les habitants, maîtres, domestiques, poules, chevaux, moutons, etc.; de grands trous dans la muraille servent à ranger les provisions : les armoires sont inconnues.

La principale nourriture est le riz à peine cuit; on le mange à la cuiller, et on le mélange souvent à de la viande coupée menue et assaisonnée de divers ingrédients au goût bizarre. — Le *koubbi* est un mets recherché : de la viande hachée avec du blé pillé; le tout frit dans l'huile ou dans un beurre rance que vendent les Bédouins; n'offre rien d'appétissant pour nos estomacs européens; les concombres crus, les salades de menthe et autres herbes fortes ne nous plaisent pas davantage, et les bons Pères de l'évêché trouvent les dames françaisés bien difficiles. Monseigneur, qui a habité longtemps la France, s'étonne moins de ne pas nous voir mélanger notre viande au *labbanc*, espèce de lait caillé qui est en permanence sur la table, et dans lequel chacun plonge son pain à volonté. Le pain! c'est là surtout qu'est pour nous la privation! En Samarie, celui que l'on nous donnait ne nous semblait guère bon. Si nous l'avions depuis que nous avons quitté Jérusalem, nous le prendrions pour du gâteau!! Le pain arabe a la forme d'une galette ronde et mince comme une crêpe; il est à peine cuit, a un goût aigrelet auquel nous ne nous habituons pas : c'est notre vraie pénitence. Nous l'appelons : *le pain serviette*, car on le plie comme une serviette et on le déchire comme une feuille de papier. Ce sont les femmes qui le pétrissent et le font cuire sur une sorte de tuyau de cheminée qui leur sert de four.

Le mouton est la viande la plus répandue ; on le prépare en petites boulettes entourées de feuilles de vigne et mêlées au riz ; quand il est jeune, on le sert tout entier comme l'agneau pascal. Les poulets abondent ; ce qui manque, c'est la manière de les faire cuire. Le lait est rare, puisqu'il y a très peu de vaches, mais il est facile d'avoir du lait de chèvre.

Les Arabes ne boivent que de l'eau. On nous sert du vin cependant, vin très-fort auquel je trouve un goût de résine ou d'outre peu agréable, car on conserve le vin dans des outres en peau de bête ; aussi l'eau me semble-t-elle préférable.

Les Grecs catholiques jeûnent tous les mercredis et vendredis : la viande et le lait leur sont absolument défendus ces jours-là.

Nous avons assisté à un dîner offert à des Bédouins dans une maison de Gédaïdat. Ils sont assis en rond par terre sur des tapis; une natte est au milieu, sur laquelle on place d'énormes jattes de riz mélangé de viande ; ils avancent la main droite, prennent une poignée de riz, en font une boulette fort grosse et l'avalent sans sourciller ; ils prennent un morceau de poulet ou de mouton, le dissèquent avec leurs doigts et le mangent avec une rapidité inouïe ; et tout cela sans boire ! Ce n'est qu'après le repas, qui dure à peine dix minutes, que l'on fait circuler la traditionnelle cruche en terre, remplie d'eau, où chacun boit à son tour.

Pour être agréables aux amis de Monseigneur, les maîtres du logis prient les Bédouins de danser. Ils nous donnent alors la plus curieuse représentation qu'on puisse voir de leurs danses sauvages : ils se précipitent les uns sur les autres en battant la mesure avec leurs mains et en poussant des cris de bêtes fauves ; leur pantomime est fort extraordinaire ; ils mettent le genou en terre, comme pour demander pardon, se relèvent en hurlant et en poursuivant un ennemi invisible; puis ils tombent anéantis, et se relèvent encore en criant plus que jamais. En vérité, on aurait peur si l'on ne se savait en lieu sûr!

CHAPITRE TRENTE-CINQUIÈME.

Excursion à Hasbeya. — Église d'Ibel-el-Haouah.

Nous avions fait, chez Monseigneur Géraïgiry, la connaissance de Mme Absy et de sa fille Mme Matouk, et nous avions promis d'aller les voir. En effet, le mardi 2 juin, après la messe, nous partons pour Hasbeya, sous la conduite du bon Père Euthymos. Il faut au moins trois heures pour faire le trajet, car les chemins sont des sentiers pierreux et on ne peut trotter. La chaleur est accablante ; la route est peu intéressante : *Souk el khan*, — marché du vieux khan, — où se tient une espèce de foire importante, est le seul endroit habité sur notre passage ; nous descendons des côtes rapides pour en remonter d'autres non moins abruptes ; nous franchissons des rivières et nous arrivons aux puits de bitume exploités par la famille Absy, et qui fournissent le bitume à presque toute l'Europe ; nous voyons les grands trous où s'enfoncent les mineurs, et, par un soleil de plomb, nous remontons à cheval pour gagner enfin *Hasbeya*, petite ville de 4 à 5.000 habitants, bâtie en amphithéâtre et qui offre un gracieux coup d'œil. Une cordiale réception nous y attend, mais je suis trop lasse pour en jouir beaucoup ; après le déjeuner, je laisse mes compagnes explorer la ville et rendre visite aux princesses Chéhab, une des plus anciennes familles du Liban ; cette famille est divisée en deux branches : les Chrétiens sont dans le Liban ; les Musulmans sont à Hasbeya ; ils se marient entre eux et habitent le Palais où, en 1860, plus de mille personnes furent massacrées. C'est là que vivent les cent cinquante femmes des princes Chéhab, et je me demande comment la bonne harmonie peut y régner ? Il est vrai que le rôle de la femme en Syrie est insignifiant. Ces dames s'habillent, fument le narghileh, ne sortent que peu ou point, et ne reçoivent presque personne : la discorde doit avoir peine à se glisser au milieu d'elles. Mais quelle existence ! Et que dirions-nous, femmes d'Occident, si nous y étions condamnées ?

J'ai vu à Hasbeya le berceau dont on se sert pour les enfants et dans lequel on les allaite sans même les soulever ; j'en avais lu la description dans *La Syrie* du docteur Lortet, et je l'ai examiné avec beaucoup d'intérêt. Les familles sont nombreuses ici ; il n'est pas rare que les oncles soient plus jeunes que leurs neveux ! Ainsi Mme Matouk a des enfants plus vieux que son dernier frère. Il faut dire que celui-ci est le dix-neuvième enfant de Mme Absy ! L'amitié la plus tendre règne entre tous, et Mme Matouk nous disait, avec une simplicité charmante, qu'elle ne faisait aucune différence entre ce baby et les siens propres.

Les jeunes filles se marient de douze à quinze ans : Mme Doummar, une des filles de notre hôtesse, a dix-sept ans ; on lui en donnerait douze, et elle est mariée depuis trois ans.

Comme à Tyr, ces dames sont très élégantes, et couvertes de perles et de diamants dès le matin, quand elles ont du monde à recevoir. Cet usage, qui nous étonne, est facile à comprendre, puisqu'elles ne sortent jamais le soir.

Nous revenons tard à Gédaïdat, parce que nous passons par un autre chemin pour visiter l'église et l'école d'Ibel-el-Haouah. Les enfants, conduits par l'instituteur, viennent au devant de nous fort loin dans la montagne, nous accueillent par des chants et des cris de : Vive la France ! Il faut donc nous arrêter pour les remercier. Quelle pauvre église dans ce village !!! Notre cœur se serre en la voyant ! une hambre noire et basse, si l'on peut donner le nom de chambre à un réduit où nous ne voudrions pas abriter nos animaux ; pour autel, deux planches superposées, la planche supérieure destinée à préserver les saintes espèces de ce qui pourrait se détacher du toit ; pas un meuble ; deux mauvais chandeliers ; à peine le linge et les ornements strictement nécessaires. Et c'est là qu'est offert le divin Sacrifice et que les fidèles se pressent pour y assister ! L'emplacement est si exigu que tous ne peuvent y entrer ; ils restent au dehors, malgré le vent et la pluie en hiver, afin d'accomplir le précepte divin... Ah ! combien le Seigneur sera plus sévère pour les Occidentaux, qui laissent trop souvent vides les belles basiliques où la prière est si facile !! Pensons souvent aux grâces qui nous sont distribuées à profusion, et tremblons de n'en point profiter.

CHAPITRE TRENTE-SIXIÈME.
Vie intime à Gédaïdat.

Les jours passent vite à Gédaïdat ! je m'y trouve si tranquillement heureuse que je m'endors dans les délices de Capoue, et ce n'est pas sans un certain effroi que j'envisage les fatigues de la suite de notre voyage. Il fait si bon causer avec Monseigneur Géraïgiry, toujours sérieux et gai à la fois ! Ici, un évêque est le père de tous, et on ne fait pas antichambre avant de lui parler ; chacun entre dans le grand salon où nous sommes assises près de Monseigneur ; on vient baiser son anneau, puis on se retire dans un coin de la chambre, à l'entrée de laquelle on a généralement laissé ses chaussures. Un domestique apporte le café et le narghileh, et, tout en causant avec nous, Monseigneur adresse quelques mots en arabe à ces visiteurs de toute classe. Si quelqu'un a besoin de l'entretenir en particulier, il passe dans un autre petit divan ; jamais on ne lit l'impatience sur son visage ; et cependant, que d'importuns dans le nombre !!!

A table, l'hospitalité s'exerce de même. Monseigneur est au haut bout, ses convives les plus distingués près de lui, les autres en suivant, sans ordre, mais tous réunis ; c'est le *patriarche* au milieu de sa nombreuse famille.

Quelle différence avec nos coutumes occidentales, qui rendent si difficile l'approche des grands de la terre ! Sur ce point, je donne sans balancer la préférence à l'Orient.

Outre la cathédrale, attenante à l'évêché, Monseigneur a près de nos chambres son petit oratoire particulier, où il nous fait plusieurs fois la méditation ; ce sont de bons moments, et ce que j'y entends dire sur la miséricorde me plait d'autant plus que c'est l'expression entière de mes idées : DIEU est bon avant tout ; il ne veut pas perdre sa pauvre créature, et lui donne tous les moyens de se sauver ; il réservera sa colère pour ceux-là seuls qui auront repoussé les bras qu'il tend vers eux.

Ce n'est pas sans regret que nous disons adieu à la famille Les..., au bon Père Euthymos, au Père Raphaël, qui nous a si bien fait les honneurs des écoles qu'il dirige. Les reverrons-nous jamais ? Sur la terre, ce n'est pas probable, et toute séparation est pénible. C'est avec émotion que nous recevons une dernière bénédiction de Monseigneur Géraïgiry, que nous espérons bien revoir en France, et de l'accueil duquel je conserverai, pour ma part, un bien doux souvenir. Non, il ne me sera jamais possible d'oublier ce petit coin de la Palestine si peu connu, si rarement visité des touristes, comme nous le disaient dans leurs compliments les enfants des écoles. J'y ai vécu onze jours d'une vie calme, reposante et remplie cependant. J'y ai mieux connu les œuvres d'Orient, si intéressantes, et mon plus grand désir serait de leur être utile.

CHAPITRE TRENTE-SEPTIÈME.

Départ de Gédaïdat. — Tell el Kadi. — Banias.

Lundi 8 juin. — C'est le jeune Frère Thomas, religieux attaché au service de Monseigneur, qui est le chef de notre escorte. Ses longs cheveux, sa figure imberbe et innocente, nous l'ont fait surnommer saint Jean : il nous rappelle, en effet, le tableau où l'apôtre saint Jean s'appuie sur le sein du divin Sauveur.

Après beaucoup de démarches infructueuses, on n'a pu nous avoir trois chevaux ; c'est donc sur un mulet que je vais me rendre à Damas ; puissé-je, comme saint Paul, y trouver ma conversion !.. Il nous faudra trois jours pour faire le trajet ; ici, on ne compte pas les kilomètres, mais le nombre d'heures nécessaires pour franchir la distance d'un pays à un autre. Partis de Gédaïdat à six heures et demie, nous sommes à huit heures et demie à *Deir Mimas*, village de mille habitants, presque tous grecs catholiques, et où l'instituteur et sa femme nous reçoivent d'autant mieux que notre visite leur avait été annoncée. De la limonade et d'excellents abricots nous sont offerts; et, après que nous avons vu l'église et les écoles, nous repartons, en compagnie, cette fois, de l'instituteur, qui veut, pour nous faire honneur, passer la journée avec nous. Les figuiers, les oliviers, les mûriers, abondent à Deir Mimas ; aussi y élève-t-on beaucoup de vers à soie.

Nous nous arrêtons à *Abil*, l'ancienne *Abel, maison de Maacha*, dont il est parlé dans l'Écriture Sainte (Rois, IV, ch. 15, v. 29), et qui prit Téglatphalasar, roi d'Assyrie. L'église y est dans un extrême dénûment.

La route me semble longue et monotone, la chaleur est accablante ; nous marchons au milieu des pierres, sans aucun sentier, et nous côtoyons longtemps un torrent (le Nahr Hasbâni), encaissé dans un ravin profond ; ce n'est qu'après de longs détours que nous le traversons enfin sur un vieux pont arabe. Nous sommes bientôt dans les prairies marécageuses de El Houleh, où nos montures avancent difficilement ; aussi est-il deux heures quand nous arrivons à *Tell el Kadi*, sur l'emplacement de l'ancienne *Dan* de la Bible (Genèse, XIV, 14), dont le nom signifie *colline du Juge*. C'est au bas de ce monticule que nous faisons halte pour déjeuner et nous reposer, assises sous un térébinthe, une rivière à nos pieds : c'est une des sources du Jourdain. Il y fait bon, et l'on s'y attarderait volontiers ; mais l'heure nous presse, il faut partir, traverser en montant doucement des bois de chênes verts qui nous amènent à *Banias*, l'ancienne *Panéas* ou *Césarée de Philippe* (qu'il ne faut pas confondre avec Césarée de Palestine, dont nous avons aperçu les ruines entre Jaffa et Saint-Jean d'Acre).

C'est donc ici que Notre-Seigneur Jésus-Christ dit à saint Pierre le « *Tu es Petrus* », et qu'il lui donna les clés du royaume des Cieux. Oh ! qu'il est doux de relire cette page de l'Évangile au lieu même où les paroles en ont été prononcées ! La religion embellit tout, et si les sources du Jourdain nous paraissent imposantes, si nous y trempons nos mains avec tant de plaisir, si nous en buvons avec tant d'ardeur, c'est que, dans ces eaux du Jourdain, le divin Sauveur est entré pour recevoir le baptême de saint Jean, et les a sanctifiées à jamais! Qu'elles sont belles! qu'elles sont limpides et pures!

Au-dessus de la source, se trouve une caverne naturelle où nous pénétrons, et qui est l'ancienne grotte consacrée à Pan, le *Panéion*, qui a donné son nom à la ville. Les eaux forment un large bassin, puis se divisent en deux bras, et coulent sur un lit de rochers bordés de lauriers-roses : c'est un site enchanteur, où l'on voudrait s'arrêter plus longtemps ; mais la nuit nous surprendrait en route et il faut partir, sans nous attarder devant des fûts de colonnes et les ruines de la citadelle.

La lune est levée quand nous arrivons à *Ainkoniat*, où le curé nous offre sa maison, c'est-à-dire sa seule et unique chambre, où l'on nous dresse deux lits, pendant que lui-même, le Frère Thomas et nos moukres, s'étendront dehors sur des nattes. Il faut dire qu'ici la chaleur est si forte, qu'à Banias les habitants font, sur leur terrasse, des abris de feuillage où ils passent les nuits pendant la belle saison. Pour respirer un peu, nous dînons dans la cour, assises sur un tapis ; le *Père* nous sert de cuisinier et ses œufs frits nous paraissent excellents ; que n'avons-nous du pain à la française pour compléter ce festin !! Les habitants du village font cercle autour de nous, et ont l'air aussi étonnés de voir nos assiettes et nos fourchettes, que nous l'étions l'autre jour en assistant au dîner des Bédouins ; ils crient, ils fument, ils empoisonnent l'air, et je rentre de mauvaise humeur, car j'aurais aimé jouir à mon aise de cette belle nuit d'Orient. Il serait plus agréable de contempler les étoiles que de se retourner sans dormir sur un mauvais matelas !

CHAPITRE TRENTE-HUITIÈME.

A Banias. — Damas. — Première promenade à Damas.

MARDI 9 JUIN. — Après deux heures d'un sommeil agité, on trouve bon de remonter à cheval : si l'on a chaud, on a de l'air, et c'est du moins une compensation. Nous grimpons au château de Banias *(Qalà at es Sobaïheh)*, une des plus belles ruines de la Syrie. Complètement à pic de trois côtés, il faut, pour arriver au sommet, gravir un sentier en zig-zag très-difficile, et dangereux par endroits. Le château occupe une plate-forme de quatre cents mètres de long sur cent de large ; les murs d'enceinte, très-épais, étaient flanqués de nombreuses tours dont la plupart subsistent encore. Cette forteresse, qui date du XIIe siècle et paraît avoir été construite sur l'emplacement d'un édifice plus ancien encore, devait avoir une grande importance, puisqu'elle commandait la route de Damas. Elle est entièrement abandonnée depuis le XVIIe siècle. On a une vue admirable sur Banias, l'Hermon, le Houleh, etc., ce qui n'empêche de trouver le soleil brûlant. Il faut marcher et marcher encore à travers les rochers, suivant des ravins, gravissant des collines qu'il faut redescendre pour en gravir de nouvelles, et cela, sans ombrage, dans un vrai désert animé seulement par quelques muletiers qui ont été porter des marchandises à Damas; nous sommes heureux de leur acheter quelques prunes aigres qui nous désaltèrent, car la soif nous fait beaucoup souffrir.

Vers deux heures, nous arrivons au bord du Nahr el Djennâni, au bas du village de *Beit Djenn;* de gros noyers nous offrent une ombre délicieuse; l'eau de la rivière est fraîche et limpide; nous y lavons nos pieds, nos mains et nos figures, ce qui nous repose et nous permet de continuer notre route sans trop de fatigue.

En moins de trois heures, après avoir laissé sur notre gauche le gros village de *Kefr-Kaoflar*, où l'on nous montre le soi-disant tombeau de Nemrod, nous traversons le Nahr-Arni et nous sommes à *Beïtima*, village musulman, très joliment situé dans une véritable oasis. Nous avons une lettre de recommandation pour M* Sélim Abou Hamad, ancien

receveur des finances à Damas, et ami de
Monseigneur Géraïgiry. Sa maison est bâtie
au milieu d'un ravissant jardin où les fleurs
embaument ; de l'eau courante, des cascades,
en font un vrai paradis où les oiseaux chantent
dans le feuillage. Une immense chambre,
bâtie seule à l'écart et destinée aux étrangers,
est mise à notre disposition ; nous y dînons,
servies par le Frère Thomas ; puis, pendant
qu'on étend par terre des matelas qui nous
serviront de lits, nous causons, assises dehors,
avec notre hôte, qui parle bien le français ; il
nous présente ses enfants, mais nous ne voyons
pas la maîtresse du logis : les femmes sont
toujours tenues à l'écart !

MERCREDI 10 JUIN. — Nous sommes debout
avant quatre heures : la température oblige à
être matinale ! Mr Sélim nous remercie de
l'honneur que nous lui avons fait en nous
abritant sous son toit ! On ne peut être plus
aimable !... puis, il nous conduit au bout de
ses terres, qui s'étendent fort loin, et où il a de
nombreux troupeaux. Nous longeons longtemps le pied de l'Hermon tout couvert de
neige, et à travers les pierres, sans aucune

végétation, nous arrivons à *Qatana*, petite ville entourée d'arbres fruitiers ; nous faisons halte un quart d'heure près d'un joli ruisseau où des haies d'églantiers en fleurs embaument l'air d'un délicieux parfum. Nos moukres nous pressent : Damas est à quatre heures de marche. Nous partons, mais cette fois nous suivons une route, et bientôt une espèce de landau, qui avait amené des voyageurs à Qatana, nous rejoint ; nous laissons nos montures pour prendre place dans ce carrosse, où nous nous asseyons avec délices, et qui nous paraît le *nec plus ultra* du confortable ! tant il est vrai que tout est relatif en ce monde !! Il est certain que l'on y est mieux qu'à dos de mulet et qu'on y sent moins le soleil ardent et la poussière !

Avec quelle joie nous entrons dans l'hôtel Dimitri, où nos chambres s'ouvrent sur une galerie circulaire, au-dessus d'une grande cour plantée, rafraîchie par un bassin dans lequel l'eau se renouvelle sans cesse ; rien que la vue de cette eau nous repose.

C'est donc sans aucune fatigue que nous changeons de costume pour parcourir *Damas*, cette ville dont il est parlé dans la Genèse (XIV, 15, — XV, 2), et où nous trouverons tant de souvenirs de saint Paul. Les Arabes l'appellent *Ech-Cham* (la Syrie), selon leur habitude de donner le nom du pays à sa capitale. Elle compte environ cent vingt mille habitants, dont plus de la moitié sont Musulmans.

Georges Kaouam, drogman de l'hôtel Dimitri, nous accompagne en voiture au patriarcat grec, où Sa Béatitude Monseigneur Grégoire Youssef nous accueille avec une grâce parfaite. C'est un beau vieillard, à l'œil vif, au sourire fin, aux manières distinguées ; nous promettons de revenir, et Monseigneur Michel Chéréine, Iconomos de Jérusalem, secrétaire général du Patriarche, nous fait les honneurs de l'église grecque, très-grande, très-belle et fort richement ornée ; nous allons ensemble chez Mme Katèbe, nièce du Père Katèbe, curé de St-Julien-le-Pauvre, à Paris, et que Mme de Goncourt a connue à l'Exposition. Partout on nous reçoit comme de vieux amis ; partout on nous offre limonade glacée et café : charmant usage pour des voyageuses altérées !

Damas, vue du Salayieh. (D'après Mme de Goncourt.)

Nous retraversons la ville et les bazars couverts, que nous nous promettons d'étudier à loisir, et nous montons au Salahyeh, un des faubourgs, d'où la vue est réellement féerique : Damas est dans un bouquet d'arbres ; c'est l'oasis au milieu du désert. Au-dessus de nous le Djébel Qasioum, regardé par les Musulmans comme une montagne sainte, parce qu'Abraham y aurait séjourné, disent-ils.

Damas est une ville très-différente du Caire ; c'est la ville orientale par excellence. On y rencontre très peu de costumes européens ; les femmes sont toutes voilées ; les chrétiennes ont le grand manteau blanc, comme à Jérusalem, et un voile léger sur leur tête : elles le relèvent à volonté ; les Musulmanes sont enveloppées de l'*isar*, vêtement très-ample, le plus souvent à rayures jaunes et bleues, un voile foncé sur la figure : elles voient sans être vues, et nous disent des injures, que nous devinons sans les comprendre, parce que nous sortons la figure découverte.

Le *Barada*, fleuve torrent, dont les Damasquins sont si fiers, mérite sa réputation : il coule à pleins bords, avec impétuosité ; des cafés et des jardins sont établis sur ses rives, et l'on y va, le soir, respirer un peu de fraîcheur, au bruit des ondes murmurantes.

Nous trouvons à l'hôtel du pain français et un excellent dîner qui nous réconforte. L'eau glacée (par la neige de l'Hermon) nous désaltère; et, tout en écrivant le soir, dans le salon, je me réjouis d'être à Damas et de m'y reposer du cheval pendant plusieurs jours.

CHAPITRE TRENTE-NEUVIÈME.
La Grande Mosquée. — Les Bazars.

Jeudi 11 juin. — Ce n'est pas pour dormir que nous sommes à Damas. Dès cinq heures et demie, je réveille ma compagne, et nous allons entendre la messe chez les Lazaristes. C'est loin, il nous faut prendre une voiture. Ici, comme dans toutes les villes d'Orient, on se groupe par quartiers selon sa religion ; or, le quartier chrétien est à un bout de la ville, nous à l'autre ; et cela parce que les deux seuls hôtels confortables à Damas se sont établis près du Barada, à l'endroit le plus beau de la cité.

Les Sœurs de Charité nous offrent le café au lait et nous font voir leur établissement, qui est immense et fort bien tenu ; puis nous allons visiter la *Grande Mosquée* (Djamat el Amivi, Mosquée des Ommiades), dont l'entrée était interdite autrefois aux étrangers. Un fort backchiche nous en ouvre les portes, à la condition toutefois que nous mettions des sandales par-dessus nos chaussures; un cordonnier se trouve là tout à point pour nous en louer, et nous voici dans la grande cour rectangulaire entourée de colonnes superbes. La Grande Mosquée est sur l'emplacement d'un ancien temple aux immenses dimensions (365 mètres de long sur 250 de large). Il fut transformé en église chrétienne à une époque inconnue, et cette église fut elle-même restaurée, à la fin du quatrième siècle, par Arcadius, fils de Théodose. Depuis 705, elle appartient aux Musulmans. Elle occupe, avec ses dépendances, un espace de cent soixante mètres de long sur cent cinq de large. La Mosquée proprement dite est évidemment formée par l'église chrétienne et a cent quarante mètres de long sur quarante à cinquante de large. Elle est divisée en trois nefs, que soutient une double colonnade d'ordre corinthien ; ces colonnes ont sept mètres de hauteur. L'édifice est coupé en deux par un transept, que supportent intérieurement quatre immenses piliers, ayant environ trois mètres de base. Du centre du transept s'élève une coupole de trente-cinq mètres de haut et de quinze mètres de diamètre, reposant sur quatre piliers. Les murs du transept et les piliers sont revêtus de plaques de marbre ; on marche sur des nattes et des tapis dont beaucoup ont une grande valeur. Le Mimber et les Mihrabs sont recouverts de peintures rouges et vertes. Le tombeau de saint Jean-Baptiste ou de saint Jean Damascène (les avis sont partagés) est entouré d'une grille dorée très-élégante ; il est au-dessus d'une cave où l'on conserve, dit-on, dans une cassette en or, la tête du Précurseur de Notre-Seigneur JÉSUS-CHRIST.

La Mosquée a trois Minarets ; nous montons sur l'un d'eux, et après avoir gravi cent quatre-vingt-une marches, nous nous trouvons sur une plate-forme octogone, d'où nous dominons toute la ville, qui ne gagne pas à être vue de si haut. Les maisons semblent un amas de terre ; les terrasses qui les terminent n'ont aucune grâce, et je pense aux vers de notre Fabuliste : « De loin c'est quelque chose et de près ce n'est rien. » Là, cependant, ce jugement ne serait pas juste, car il faut voir de près les maisons de Damas pour se douter des beautés qu'elles renferment. Nous en avons visité plusieurs, entre autres celle de la famille Chamyl : pauvre extérieur, murs en torchis ; on entre dans une première cour, petite et noire; un corridor sombre nous conduit dans une seconde cour, moins laide mais pas belle ; encore un corridor, et cette fois nous arrivons dans un palais des Mille et une Nuits : une magnifique cour plantée ; au milieu, un large bassin avec jet d'eau continu ; — tout autour, des orangers, des citronniers, des palmiers ; — une grande véranda carrée s'enfonce sous les bâtiments ; elle est entourée de divans, des lustres y sont suspendus ; elle donne accès sur les salons, dont les portes à deux battants sont en bois incrusté de nacre et d'ivoire ; un bassin en marbre blanc y répand une fraîcheur délicieuse ; on monte un large degré et l'on arrive sur les divans où se reçoivent les visiteurs distingués ; ceux de condition inférieure restent en-dessous. — Que la maison soit plus ou moins élégante, ce degré existe toujours, et marque la différence de position sociale de ceux qui y sont admis.

Ces richesses intérieures, qui offrent un contraste frappant avec l'extérieur presque misérable, sont pour l'Européen matière à réflexion : tandis que chez nous on sacrifie tout au dehors, on veut paraître avant tout, ici, on craint d'exciter l'envie et l'on conserve pour soi et sa famille tout le bien-être dont on peut jouir. Là encore, je donne la préférence à l'Orient.

Nous passons l'après-midi dans les bazars, bien plus curieux que ceux du Caire : ce sont de larges rues couvertes, le long desquelles sont rangées des boutiques auxquelles, en France, nous donnerions le nom d'échoppes ; les différents corps d'états sont groupés les uns à côté des autres ; ici les marchands de meubles, *scamlehs*, jolies tables incrustées, broderies aux riches couleurs, armes anciennes ou soit-disant telles ; plus loin, le bazar des orfèvres, beaucoup plus laid et plus resserré que les autres ; on travaille sous nos yeux les objets en filigrane si estimés, mais auxquels nous préférons quelques vieux bijoux, quelques bagues de Bédouines. Les turquoises abondent dans ce pays et les pierres précieuses y sont d'un bon marché fabuleux.

Mr Antoun Zayat, fabricant d'étoffes pour divans et fournisseur de Monseigneur Géraïgiry, nous promène partout. Nous faisons une visite à un Mr Bitar, dentiste, marié de la veille, et qui reçoit pour la circonstance tous ses amis et ceux de sa femme. Nous voyons de près la jeune épousée, très-jolie dans une toilette noire en velours de soie, brodée d'or et couverte de diamants. Chacun vient féliciter les jeunes époux, qui nous montrent leur appartement : leur chambre, meublée à la française, avec armoire à glace et beau lit à rideaux, nous paraît moins jolie à Damas qu'elle ne le serait à Paris. Pourquoi ne pas conserver à chaque pays sa couleur locale ? pourquoi vouloir tout franciser ? On n'y parvient pas et l'on gâte le reste. C'est bien le cas de répéter avec la Fontaine : « Ne forçons point notre talent, » et avec St François de Sales : « Soyons ce que nous sommes. »

Pour terminer cette journée très-remplie, nous allons, après le dîner, toujours en voiture, car les courses sont longues, prendre M^r et Mme Katèbe et passer avec eux la soirée dans un café-concert au bord du Barada. Le concert est fini, à ma grande satisfaction : la musique arabe ne me plaît pas !... Nous sommes assis sous des arbres, près du torrent dont le murmure me fait rêver ; les lumières se reflètent dans les eaux écumantes, et, tout en savourant la limonade glacée, je pense combien il serait bon d'avoir ici ceux qu'on aime !

Il est tard quand nous rentrons à l'hôtel, et il faut nous courber beaucoup pour passer par l'espèce de poterne ouverte dans la porte cochère ; c'est un ancien usage de l'Orient ; nous l'avons déjà constaté à Bethléem ; nous le retrouvons ici : avec ces portes basses, il était plus facile de se garantir des ennemis du dehors ; l'ennemi n'est plus fort à craindre, mais la coutume a persisté.

CHAPITRE QUARANTIÈME.

Visite au fils d'Abd-el Kader. —
Souvenirs de saint Paul.

Vendredi 12 juin — On dort bien à Damas, et l'on y dormirait longtemps si l'on n'avait tant à voir ! De bonne heure, notre jeune guide, dont nous apprécions de plus en plus les qualités, nous conduit au marché aux chevaux, où nous voyons une quantité de chevaux, d'ânes et de chameaux, que l'on fait courir pour que l'amateur juge leurs qualités respectives. Nous goûtons aux *pâtes d'abricots* faites avec les *musch-musch* ou petits abricots dont j'ai déjà parlé : ce sont d'immenses feuilles acidulées, faciles à transporter et qui peuvent vraiment désaltérer l'Arabe du désert.

Sur notre route, nous passons près d'un platane gigantesque (17 mètres de circonférence), dans lequel une vieille Bohémienne, toute noire et à peine vêtue, a établi sa demeure ; armée d'un long bâton, elle vient nous demander l'aumône, et me dit des douceurs pour me remercier des quelques paras que je lui donne, tandis qu'elle injurie des gamins qui se moquent d'elle : le langage et la couleur ne font rien aux sentiments ; cette Nubienne m'en est une preuve.

Nous allons ensuite faire une visite à l'Émir El-Hachemi, fils d'Abd-el-Kader, ce héros dont les exploits ont charmé notre enfance, fait l'admiration de notre jeunesse, et rendu tant de services aux Chrétiens de Syrie en 1860. Au moment des massacres qui ont ensanglanté Damas, l'Émir avait ouvert son palais aux Chrétiens, et en sauva ainsi plus de douze mille, couchant lui-même en travers de la porte, pour empêcher les Druses d'y pénétrer. Cette belle conduite avait indisposé contre Abd-el-Kader ceux de sa religion, et, pour leur prouver qu'il était resté un fidèle croyant, il fit une seconde fois le Pèlerinage de la Mecque. (On sait que tout bon Musulman doit faire, une fois en sa vie, ce Pèlerinage au Tombeau du Prophète.)

Le prince El-Hachemi est presque aveugle ; il a le type nègre et non la belle et noble figure de son père ; mais il nous reçoit à merveille, nous donne son portrait et celui d'Abd-el-Kader, avec une dédicace particulièrement affectueuse, beaucoup plus que ne le comportent nos habitudes françaises ; il nous charge de commissions pour ses deux fils, élevés à Paris, au lycée Louis-le-Grand, nous demande l'heure à laquelle nous pourrons le recevoir, et nous permet de voir la première de ses femmes, mère des jeunes émirs.

On nous conduit dans un salon où la princesse nous accueille avec une grâce parfaite et le salut oriental, la main sur le cœur et sur les lèvres, et la conversation s'engage d'une manière assez pittoresque ; en effet, notre interprète, qui ne peut entrer près d'une femme, reste derrière la porte, à peine entrebâillée, et transmet ce que nous disons au frère de la princesse, qui le dit à sa sœur ; celle-ci répond, et son frère répète ses réponses à notre guide, qui nous les traduit. Une visite, dans ces conditions, ne peut s'éterniser : je promets d'aller voir les jeunes princes à mon retour, et un regard de reconnaissance me prouve que le cœur des mères est le même partout. La princesse a dû être fort jolie et est encore très-agréable. Quand nous quittons son mari, elle nous guette du seuil de la porte de ses appartements pour nous envoyer un dernier adieu avec un sourire ; mais elle aperçoit Mr Zayat, qui nous accompagne, et se sauve en courant : ce serait un crime de se laisser voir par un étranger ! Pauvre femme !! elle se trouve heureuse, et cependant, elle vit dans une solitude qui équivaut à la prison ; et son mari, plein de déférence pour elle, vient d'épouser tout dernièrement une jeune fille de quatorze ans, qui fera sans doute bien oublier la mère des grands jeunes gens, dont l'aîné se prépare à entrer à Saint-Cyr ! Ah ! combien la religion chrétienne a relevé la femme en lui assignant sa place au foyer et en sauvegardant ses droits ! Que de progrès l'Orient a encore à faire sur ce point !

L'Émir nous rend notre visite le jour même : nous passons au rang de personnages officiels ! Le prince El-Hachemi a vraiment très grand air sous son burnous blanc, et le prestige du nom qu'il porte y ajoute encore. Nous causons avec lui du château d'Amboise, où il a été élevé, et dont il se souvient très-bien, des massacres de 1860, du rôle admirable qu'y a joué son père ; puis la conversation tombe sur Mr de Baudicourt, oncle de Mme de Goncourt ; l'Émir a entendu parler « de » cet homme de bien, dévoué à toutes les » bonnes causes. » — « Ces hommes-là ne » devraient jamais mourir, » dit Mr Zayat. — « Mais, — reprend l'Émir, — il était aimé » de Dieu; et quand on aime, on a le désir de » rapprocher de soi ceux qu'on aime. » — Au bout d'une demi-heure, le prince nous quitte et nous laisse tout heureuses d'avoir serré la main du fils d'Abd-el-Kader !

Mais il est temps de suivre les traces de saint Paul. On nous indique la route sur laquelle le grand Apôtre rencontra sa conversion : les avis, à ce sujet, sont un peu partagés. Ce qui est authentique, et ce qui nous charme par conséquent, c'est de parcourir la *rue Droite*, la *via Recta* dont il est parlé aux Actes des Apôtres (IX, 11), qui traverse la ville dans toute sa longueur, et porte le nom de El-Soultani ; à l'exception des colonnades, qui ont été détruites et dont on retrouve souvent des fragments, elle est restée ce qu'elle était au premier siècle de l'Église.

La maison d'Ananie a été convertie en une chapelle, dans laquelle nous descendons par un escalier de quinze ou seize marches, et qui appartient aux Franciscains. Puis, sortant de la ville par le Bab-ech-Charki, nous longeons les vieux murs, pour arriver sous l'ancienne tour de laquelle Saul fut descendu dans une corbeille. (Actes, IX, 25.)

Pendant que ma compagne dessine ces antiques murailles, je demande au Seigneur de nous donner un peu de cette foi qui fit du persécuteur des Chrétiens l'apôtre des Gentils. Nous sommes, nous, les descendants de ces Gentils. Les Juifs, ayant méconnu le Messie, ont perdu leur privilège de Peuple de Dieu ; ils ont été rejetés ; et nous, qui avons reçu tant de grâces, et qui trop souvent, hélas ! n'en profitons pas, n'avons-nous pas à craindre d'être rejetés à notre tour ? Marchons sur les traces de saint Paul, et, réellement converties, dépouillons le vieil homme pour rapporter dans notre chère France un amour infini, qui nous fasse tout entreprendre pour la gloire de Dieu.

Nous parcourons le *Meidan*, faubourg de

seize cents mètres de long qui forme une seule rue par laquelle passe la grande caravane de la Mecque. Nous y rendons visite à Monseigneur Boulos Massadié, évêque de Tripoli, vicaire général du Patriarche, pour lequel nous avons aussi une lettre de recommandation. Nous voyons, sans y entrer, une quantité de mosquées bizarres; et, pendant que nous nous arrêtons pour laisser dessiner Mme de Goncourt, notre voiture est entourée en un instant d'une foule d'Arabes qui nous regardent avec curiosité, grimpent sur les roues, gesticulent, nous montrent des dents d'une blancheur éclatante et des yeux d'un noir brillant; les uns portent le turban blanc, les autres ont le fez posé sur l'oreille; je jette quelque menue monnaie aux enfants, et l'on nous fait alors une véritable ovation : notre cocher fouette ses chevaux, de peur qu'on ne les dételle pour nous porter ; et nous rentrons bientôt dans la ville en passant devant la maison de Judas, où saint Paul reçut l'hospitalité. (Actes, IX, 11.)

Puis nous nous rendons dans la famille Katèbe, où les démonstrations les plus affectueuses nous attendent. Un dîner, très-élégant comme service et très-arabe comme plats, me fait un peu regretter notre hôtel ; mais l'amabilité de nos hôtes est une douce compensation, et je trouve délicieux d'être assise au frais, dans un jardin qui embaume, avec des lumières dans tous les arbustes et l'eau murmurante à nos côtés. Il ferait bon y être seule pour en savourer mieux tout le charme.

CHAPITRE QUARANTE ET UNIÈME.

Le tombeau d'Abd-el-Kader. — Le Tekkié. — Encore les Bazars

Samedi 13 juin. — La chaleur est extrême et c'est de très-bonne heure que nous retournons au Salahieh, avec Mme Katèbe, cette fois, pour visiter le tombeau d'Abd-el-Kader. Malgré la permission que nous avait donnée l'Émir El-Hachemi, les gardiens fanatiques ne veulent pas nous en ouvrir la porte; ils poussent des cris féroces, qui deviennent de véritables vociférations, et qu'un gros backchiche peut à peine calmer.

Il y a trois ou quatre sarcophages dans cette mosquée; celui du grand Émir est très-simple, recouvert de tapis de couleur verte; près de lui est le cercueil de Mouheldin, savant du temps des Croisades. Un demi-jour règne dans cette espèce de caveau, et l'œil s'y repose doucement pendant que l'âme s'élève vers Dieu, et le prie pour ces hommes célèbres qui ne l'ont pas connu, mais qui l'adoraient peut-être dans le secret de leurs cœurs.

Nous entrons ensuite chez un grand Cheik, de « la famille sainte », descendant de Mahomet, dont la maison est au milieu de jardins et de jets d'eau ravissants : l'air en est rafraîchi ! Il fait cueillir, pour me le donner, un énorme cédrat, et nous montre un oranger qui a quatre cents ans d'existence, et un rosier dont la tige a au moins soixante centimètres de tour. Tout pousse à Damas comme dans la Terre Promise, et cette végétation luxuriante nous paraît d'autant plus belle que nous en avons été privées plus longtemps.

Nous visitons le *Tekkié*, espèce d'hôpital construit, en 1516, pour les Pèlerins pauvres se rendant à la Mecque. Au centre, une magnifique cour, entourée d'une galerie couverte que soutiennent des colonnes antiques. Des *chambres*, à coupoles bizarres, sont tout autour ; puis une mosquée, splendide, nous dit-on, car nous ne trouvons pas de gardien pour nous en ouvrir la porte. Je me console, en ayant vu beaucoup déjà et n'aimant pas à défaire mes chaussures.

La chaleur est accablante ; nous sommes heureuses, après déjeuner, d'aller nous reposer dans les bazars, où le soleil ne pénètre pas, et où l'on peut s'asseoir tout en faisant déplier les étoffes brodées aux couleurs chatoyantes. Nous admirons beaucoup le *Khan Assad Pacha*, espèce d'hôtellerie ou de Bourse, où se réunissent les riches marchands. La porte de ce khan est en marbre blanc et noir, d'un travail très-léger ; c'est un gracieux chef-d'œuvre d'architecture arabe. Un bassin est au milieu : « l'abreuvoir est public et chacun y vient boire. » Je suis étonnée de ce que l'on absorde d'eau dans ce pays, sans en être incommodé ! Pour nous désaltérer plus élégamment, nous prenons des glaces, tout comme chez Blanche ou chez Imoda, avec cette différence qu'elles coûtent trois fois moins cher ! j'ai envie de crier : Vive l'Orient !

Les heures passent vite dans les bazars ; on commence à nous y connaître ; c'est facile, vu notre costume, si peu semblable à celui des indigènes. On nous appelle dans les boutiques pour nous offrir qui un poignard, qui un encrier en cuivre ciselé, comme les Arabes en portent dans leur ceinture ; ici des *kabkabs*, sorte de patins de vingt centimètres de hauteur, tout incrustés de nacre et d'ivoire ; là des *hybricks* ou aiguières en cuivre damasquiné : c'est la grande spécialité de Damas, et nous nous laissons tenter par quelques-unes. Puis nous visitons une manufacture d'étoffes pour divans ; les métiers me rappellent ceux sur lesquels je voyais travailler la toile dans mon enfance.

CHAPITRE QUARANTE-DEUXIÈME.

Adieux à Damas. — Chtaura. — Zalheh. — Baalbeck.

Dimanche 14 juin. — C'est notre dernière journée à Damas; aussi, après une messe basse chez les Jésuites et une grand'messe chez les Grecs catholiques, où je suis édifiée de la bonne tenue des enfants, nous faisons nos adieux au Patriarche, qui nous donne sa photographie, à Monseigneur Chéreine, à Mr Zayat, à Mme Katèbe et à Mme Doummar, sa sœur; partout on nous offre la limonade glacée et le café ; partout nous acceptons, et cela nous tient lieu de déjeuner.

Un dernier coup d'œil aux bazars, à cette ville vraiment orientale qui nous a charmées, et nous rentrons préparer nos bissacs et dîner à cinq heures, car, à six heures, la diligence s'ébranle : une vraie diligence, qui roulera sur une vraie belle route ! c'est à se croire en France !... Nos bons amis Katèbe viennent nous souhaiter bon voyage; nous leur disons : Au revoir, à Paris ; et, tant que le jour dure, nous admirons les rives verdoyantes du Barada. Deux dames de Beyrouth, Françaises de Syrie, sont avec nous, causent agréablement, et c'est par un clair de lune splendide que nous arrivons à *Chtaura* vers une heure du matin, le Lundi 15 juin. Nous y dormons tout habillées.

Avant six heures, le Frère Thomas, qui nous avait quittées samedi, vient nout chercher de *Zahleh* avec le Père Allouf, directeur des écoles. Une espèce de break nous permet de voir la route très accidentée qui monte jusqu'à Zahleh, petite ville de quinze à vingt mille habitants, bâtie en amphithéâtre, et d'un aspect fort pittoresque. C'est la patrie de Monseigneur Géraïgiry ; c'est là qu'il a fondé les écoles qu'il lui a tant coûté d'abandonner pour son évêché.

Nous sommes reçues chez Monseigneur Ignatios, évêque de Fourzoul, de Zalheh et de Bekaa. Nous visitons les écoles, où l'on nous adresse force compliments. Les garçons nous font entendre de la musique militaire vraiment bien exécutée, et nous constatons une fois de plus combien les Arabes ont l'intelligence vive et le travail facile ! Ils ont aussi le don des langues, et il n'est pas rare de voir un enfant de sept à huit ans parler couramment le français et l'anglais.

Avant cette inspection, à laquelle nous commençons à nous habituer, nous avions entendu la messe et vu le Père Philippe Nemeyr, qui connaît la France, et dont la conversation animée nous intéresse.

Une lettre de Monseigneur de Panéas, qui m'en renvoie deux autres, me cause une agréable surprise, et je suis tout heureuse de l'en remercier en lui écrivant, séance tenante, de son bureau, dans son ancienne chambre, encore toute pleine de son souvenir.

Mais il faut quitter nos aimables hôtes. A une heure nous montons en voiture, après avoir reçu les tristes adieux du Frère Thomas, que son rôle de cicerone amusait, et qui regrette de ne pas nous suivre en France.

La route jusqu'à *Baalbeck* est plate et sans intérêt : c'est la plaine de la Békaa ou Cœlé-Syrie. Nous sommes seules dans un grand char à bancs très-élevé, où nous avons beaucoup d'air et force cahots. Il est six heures quand nous entrons dans l'ancienne Héliopolis. Nous descendons à l'hôtel Victoria, assemblage d'escaliers, de terrasses, de galeries, où il est difficile de se reconnaître.

Après une visite à l'évêché, où l'on nous fait promettre de déjeuner demain, nous arrêtons un drogman. C'est la première fois que nous sommes entièrement livrées à nous-mêmes, et il faut nous occuper des détails matériels, chevaux, nourriture, etc.

Les ruines du Temple du Soleil sont devant nous, éclairées par une lune brillante qu'aucun nuage ne cache, et nous les admirons de notre terrasse, avant de prendre le repos qui nous est bien nécessaire !

CHAPITRE QUARANTE-TROISIÈME.
Baalbeck.

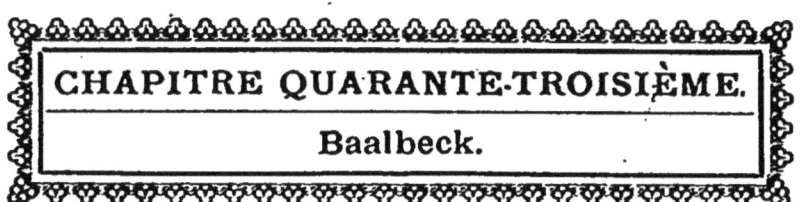Ardi 16 juin. — Malgré un violent mal de tête, qui m'a tenue éveillée, je me lève tôt pour aller chez le curé maronite, puis aux ruines, entourées de murs et gardées par un Cerbère qui, comme droit d'entrée, exige un *medjidis*, soit 4 fr. 50, par personne. En avril et mai, les deux mois où les touristes sont le plus nombreux, il recueille ainsi de huit à neuf mille francs, que l'on devrait employer à restaurer, ou du moins à conserver ces ruines saisissantes, qui malheureusement se détériorent chaque année.

Nous y passons trois ou quatre heures, allant du Temple de Jupiter au Temple du Soleil, admirant les gigantesques colonnes de près de vingt mètres de haut, — les sculptures, d'une finesse incomparable, — les souterrains immenses, — les pierres cyclopéennes, de vingt à vingt-et-un mètres de long sur quatre à cinq de large et autant d'épaisseur ! Ces pierres monumentales viennent des carrières mêmes de *Baalbeck;* il

Baalbeck. (D'après Mme de Goncourt.)

en reste encore une, en dehors de la ville, dans ces anciennes carrières : elle mesure vingt-trois mètres quarante-deux de longueur, quatre mètres cinquante de hauteur, et quatre mètres dix de largeur. Ce monolithe, parfaitement taillé, représente, à ce qu'ont calculé les savants, un poids de 1.500.000 kilos ; il faudrait la force de 40.000 hommes pour le faire bouger.

On ne sait pas au juste à quelle époque remontent les temples dont nous contemplons les ruines grandioses. Je n'entreprendrai pas d'en faire la description, renvoyant aux auteurs plus compétents ; je dirai seulement que, devant cet ensemble de colonnes debout ou couchées, on sent le néant des choses humaines, qui, quelque grandes qu'elles soient, finissent par tomber et disparaître ; et, comme au pied des Pyramides, le cœur s'élève vers Dieu, qui seul est vraiment grand ! Hélas ! ceux qui ont construit ces temples, en l'honneur de Jupiter ou du Soleil, ne connaissaient pas comme nous le Dieu véritable ; et, cependant, dans leur ignorance, ils étaient plus savants que nos libres-penseurs ; ils ne disaient pas : « Ni Dieu, ni maître » ; ils avaient le bon sens de comprendre que l'homme, infiniment petit, a besoin de regarder au-dessus de lui pour trouver un secours dans ses maux ; et c'est alors que le soleil bienfaisant, qui fait croître les moissons, leur paraissait digne d'être adoré, et que, dans leur reconnaissance pour ses bienfaits, ils lui élevaient un des plus beaux édifices de l'antiquité.

Ces réflexions m'attristent pour mon siècle et pour mon pays. La chaleur torride m'accable, et c'est à peine si je puis faire bonne contenance au déjeuner de Monseigneur Germanos Mehatrade, dont la conversation est cependant fort intéressante. Aussi, dans la journée, je laisse ma compagne retourner aux ruines, et je lutte contre la fièvre et le découragement. J'ai peur d'être malade, de ne pouvoir continuer ma route ; le Liban m'effraye... Enfin, je m'en remets à la Providence, qui m'a si bien gardée jusqu'ici ; et, comme dans le Pèlerinage, je prie Dieu d'exaucer les prières qu'on fait pour moi.

CHAPITRE QUARANTE-QUATRIÈME.
De Baalbeck aux Cèdres. — Bcharreh.

Mercredi 17 juin. — Malgré une mauvaise nuit, tout est bien le matin : nos chevaux sont bons ; notre drogman, Joseph, est un brave homme ; nos moukres, le mien surtout, est bon enfant ; et nous voilà parties, disposées à franchir les passages difficiles dont on nous a un peu effrayées à l'avance. Je dis comme César : *Alea jacta est*, et je fais trotter mon cheval jusqu'à *Deir el Akmar*, où nous arrivons à dix heures et demie, avant la grande chaleur. Nous déjeunons sous un noyer ; Joseph nous sert de son mieux et cela engage à manger ; puis j'éprouve ce bien-être qui suit une indisposition, et je suis d'humeur à voir tout en beau ! même les pierres qui rendent notre chemin peu facile, et un long serpent noir, que Youssouf et Rachid, nos deux moukres, tuent contre un rocher.

L'étape est courte, car il ne faut pas s'engager la nuit dans le *Col des Cèdres*. Avant quatre heures et demie, nous sommes à *Aïn-*

Ata, misérable hameau, où les maisons ressemblent à des souterrains, et où nous ne pouvons même pas trouver un endroit convenable pour nous abriter : une espèce de hangar, ouvert de deux côtés, nous servira de chambre.

En attendant, nous allons explorer les environs et contempler, au bas de la montagne, un ruisseau limpide qui anime un peu ce triste paysage. Le curé maronite pour lequel nous avions une lettre, n'est plus ici ; celui qui le remplace n'y est qu'en passant et ne parle pas français ; nous n'avons donc qu'une chose à faire, c'est de nous coucher au plus vite ; les moukres dorment dehors ; Joseph met un rideau qui nous sépare de lui ; et, étendues sur nos matelas bien durs, nous nous reposons mieux que nous n'osions l'espérer : la tente nous a aguerries !

Jeudi 18 juin. — Quand on s'habille sur son lit, on ne peut faire qu'une toilette sommaire, et ce n'est pas long. Nous entendons la messe maronite dans une église à moitié démolie ; nous sommes édifiées du nombre d'hommes et de femmes qui y assistent, dans le plus profond recueillement ; ils ont pour s'asseoir des morceaux de rocs ; on nous apporte des coussins, et nous aurions mauvaise grâce à nous plaindre !

Avant sept heures, nous quittons Aïn-Ata, avec un homme de renfort : on nous a tant parlé des chemins difficiles que nous les croyons plus dangereux encore. Pendant deux heures et demie, nous montons sans arrêt, passant à travers la neige, dont nous mangeons, et nous arrivons enfin sur le *Djébel el Cèdres*, à 2286 mètres au-dessus de la mer. La vue est grandiose : d'un côté l'Anti-Liban, séparé de nous par la vallée de la Békaa, que nous avons parcourue pour venir à Baalbeck ; de l'autre, Tripoli, la Méditerranée et le Liban, que nous allons voir de tout près. Nous apercevons un bouquet de verdure dans un enfoncement ; on dirait un petit buisson : ce sont les *Cèdres* qui, de la distance où nous sommes, ne reproduisent aucun effet.

Après un quart d'heure de contemplation, nous reprenons nos montures, et nous descendons, pendant une heure et demie, par des sentiers qui n'en sont pas, pour arriver enfin dans l'enclos où sont resserrés les contemporains de Salomon. La première impression n'est pas favorable : la verdure est belle et reposante, mais on se demande si cela valait la peine que nous avons prise pour arriver ?

Au bout de quelques minutes, les idées changent ; et, en examinant ces arbres gigantesques, qui ont de treize à dix-sept mètres de circonférence, on se sent saisi de respect, car, comme le dit Lamartine : « La poésie, la reli-
» gion et l'histoire les ont également consa-
» crés. » C'est ici que l'on en vint chercher pour construire le Temple de Dieu ; c'est d'ici que le Patriarche des Maronites en envoya un à Paris pour l'église du Sacré-Cœur de Montmartre : à près de trois mille ans d'intervalle, les Cèdres du Liban auront servi à honorer le Seigneur ! et c'est sous leur ombrage que nous sommes assises, écoutant chanter les milliers d'oiseaux qui viennent se réfugier sur leurs branches. L'odeur de la résine assainit l'air ; les myosotis poussent sous nos pieds, et nous voudrions nous attarder dans ce lieu vraiment enchanteur. L'âme y est disposée à la rêverie ; le cœur appelle les amis restés si loin et que l'on

voudrait déjà revoir ! et je murmure avec le poète :

« Le meilleur instant du voyage
N'est-ce pas celui du retour ? »

Il est une heure quand nous quittons les Cèdres, après avoir renvoyé le troisième moukre, qui ne nous a servi à rien, et qui nous serait inutile puisque la route sera bonne maintenant ; du moins, on nous l'affirme. Hélas ! nous faisons une fois de plus l'expérience qu'il ne faut croire rien de ce qu'on nous dit, ou plutôt qu'il faut en prendre le contre-pied ; en effet, les choses sont généralement le contraire de ce qu'on nous annonce.

Ici, ce sont des précipices à pic qu'il nous faut longer ; le sentier est tellement étroit que deux personnes peuvent à peine s'y croiser ; et voici devant nous un ecclésiastique à cheval, suivi d'autres cavaliers, qui mettent pied à terre en nous saluant : c'est le curé Michel, avec le frère et le fils du Bey de Bcharreh ! Ils ont su, par un enfant, que des dames françaises avaient couché à Aïn-Ata ; ils en ont conclu que Mme de Goncourt et sa compagne, attendues depuis un mois, arrivaient enfin ; et, pour nous faire honneur, ils viennent au-devant de nous.

Les Orientaux en général, et les Maronites en particulier, ont la mémoire reconnaissante. Mr Louis de Baudicourt, l'oncle de Mme de Goncourt, a rendu d'immenses services à la nation maronite, qui ne les a pas oubliés, et veut le prouver à sa nièce. Un de leurs évêques, Monseigneur Hoyek, a annoncé notre passage dans le Liban, ce qui explique l'espèce d'ovation dont nous sommes l'objet.

Le curé et le fils du Bey parlent français ; il nous faut descendre de cheval pour causer avec eux : la politesse arabe l'exige ; je trouve l'obligation assez désagréable, sur des pierres, en plein soleil, au-dessus d'un précipice ; mais il faut s'y conformer, sous peine de perdre la réputation d'amabilité que nous devons soutenir comme Françaises.

Nos chambres, parait-il, sont prêtes à *Bcharreh*, chez le *Moudier* ou gouverneur ; et, quoique nous ayons résolu d'aller plus loin ce soir, force nous est d'accepter ; c'est le seul moyen de reconquérir notre liberté.

A cheval de nouveau, nous descendons par des chemins effrayants ; les pluies torrentielles du printemps ont tout dégradé, et la tête tournerait facilement sur ces rochers au bas desquels coule le Nahr Qadicha. *Bcharreh*, posée en amphithéâtre au fond de la vallée, produit un effet pittoresque ; nous y arrivons, à trois heures et demie, fort lasses.

Ragy-Bey nous fait le plus charmant accueil, s'excuse de ne pas être venu lui-même au-devant de nous : une jambe cassée, mal remise, l'empêche de monter à cheval. Nous sommes reçues dans un salon élégamment meublé, moitié à la française, moitié à l'arabe, et le Moudier, dans son costume oriental, a un air de vrai grand seigneur. Son fils, Jean, nous sert d'interprète ; mais la conversation languit. On nous propose une promenade pour nous reposer ; et nous revoilà en selle, avec le fils de notre hôte, dont le cheval est tout caparaçonné d'argent. Cet harnachement splendide excite notre admiration, et la hardiesse du cavalier à franchir les obstacles, la porte à son comble.

Pour nous rendre au couvent de *Mar Serkhis*, il faut passer un torrent impétueux ; le pont a été emporté par les pluies, et c'est à dos d'homme que nous le traversons ; moyen de transport original, dont nous n'avions pas encore usé ! cela nous manquait ! Le couvent, bâti comme un nid d'aigle, est admirablement situé : de la terrasse, le regard plonge dans la vallée très-fertile, et l'on a au-dessus de sa tête des rochers qui surplombent et semblent prêts à nous écraser. Nous sommes les maîtres du monastère. On y attend des religieux qui doivent y arriver le soir même : en effet, avant notre rentrée chez le Bey, par un autre chemin moins difficile, et où nous traversons le torrent à cheval, nous entendons la clochette qui annonce la venue des moines. Peu s'en est fallu qu'ils ne trouvassent leurs cellules occupées par des dames françaises et leurs écuyers servants !

Bcharreh est une petite ville de trois mille habitants, tous maronites. Cette contrée est entièrement maronite ; Ragy-Bey lui-même, quoique fonctionnaire du gouvernement, est très-pieux, et a fait bâtir la plus belle des quatre églises que nous visitons et où les prêtres ne manquent pas ; il y en a au moins quarante pour Bcharreh seulement, ce qui fait une moyenne de un pour soixante-quinze.

La population est très-religieuse, car on y compte à peine quinze hommes qui n'assistent pas chaque jour à la messe. Les églises sont riches ; c'est un contraste avec les pauvres églises grecques du diocèse de Panéas ! et, contraste encore plus frappant, le Père Michel se plaint, gémit, demande des secours, tandis que les Pères grecs, bien autrement pauvres, supportent tout sans se plaindre. Je suis tentée de juger sévèrement les Maronites ; mais je me souviens fort à propos de l'histoire de ce voyageur qui, voyant une femme rousse dans un pays, en avait conclu que toutes les femmes de ce pays étaient rousses ! je ne juge pas l'espèce sur l'individu ; je veux attendre avant de me prononcer. (La suite de notre voyage m'a prouvé combien j'avais eu raison de ne pas porter un jugement précipité : partout, les Maronites nous ont accueillies avec cœur et simplicité, et j'ai vite oublié les phrases obséquieuses qui m'avaient tant déplu.)

La journée a été rude; nous aimerions mieux être seules sous notre tente que de nous habiller et de faire la bouche en cœur ! Il le faut pourtant. La femme du Bey vient nous recevoir en riche toilette de soie rouge ; elle ne parle pas français, et la conversation se traîne péniblement jusque près de neuf heures. Nous passons alors dans la salle à manger, à peine meublée, où le couvert est dressé à la française. Hélas ! j'aimerais mieux moins d'argenterie et plus de pain !! Le riz, le koubbi, nous ferment l'estomac, et pendant que nos hôtes en engloutissent des quantités fabuleuses, nous faisons simplement honneur à l'eau excellente et si bonne « que meilleure ne peut être ». Il est tard quand nous gagnons nos chambres, élégamment meublées, et nos lits parfaits ! C'est dommage de ne pouvoir y dormir longtemps.

CHAPITRE QUARANTE-CINQUIÈME.
A travers le Liban. — Arrivée à Beyrouth.

VENDREDI 19 JUIN. — A cinq heures, nous sommes debout ; il nous faut entendre la messe, faire nos excuses de ne pas avoir apporté un souvenir à notre hôtesse, comme l'usage l'exigeait (nous dit le Père Michel), recevoir les adieux de Ragi-Bey et de sa famille, et accepter chacune un scapulaire maronite brodé d'or et d'argent. Les protestations orientales ne finissent pas et retardent notre départ. Enfin, vers sept heures et demie, nous montons à cheval. Le curé Michel nous escorte jusqu'à plus d'une heure de Bcharreh et propose de nous accompagner jusqu'à la fin de notre voyage. A DIEU ne plaise ! Il nous fait visiter à *Démine* un couvent maronite en construction, qui sera la résidence d'été du Patriarche et remplacera le couvent de *Khanobin*, qu'on aperçoit au fond de la vallée.

Les chemins sont encore plus dangereux que ceux d'hier : ce ne sont que torrents et rochers, mais d'un grandiose dont rien ne peut donner l'idée. On cultive malgré les pierres ; la vigne pousse sur les plus hauts sommets ; les arbres sont magnifiques, et leur verdure est d'autant plus belle que l'eau est plus abondante.

Nous traversons *Hasroun*, joli village, où nous aurions couché sans les instances de nos hôtes de Bcharreh. Bientôt l'aspect change, toute végétation disparait ; nous montons de plus en plus et nous voyons un aigle planer au-dessous de nous... Ces majestueux oiseaux ne sont pas rares dans ces parages ; ils sont vraiment les rois des airs, et leurs immenses ailes déployées donnent bien la mesure de leur puissance.

A une heure, une hutte de feuillage nous offre un abri. Nous sommes à l'*Ouady Tannourin*, misérable hameau à mi-côte. On y voit des poules : ô joie !! Joseph nous achète des œufs frais, ce qui me permet d'en avaler de tout crus : il est rare que j'aie un si copieux déjeuner. Des enfants déguenillés nous regardent. Une petite fille, charmante sous ses haillons, nous adresse un discours auquel nous ne comprenons rien. Un léger backchiche amène le sourire sur ses lèvres ; ses yeux brillent ; elle est vraiment jolie.

A deux heures, nous sommes en selle. Il nous faut marcher jusqu'à six heures sans arrêt ; descendre, monter, descendre encore pour remonter de nouveau ; apprendre ainsi, mieux que sur la carte, ce qu'on appelle une chaîne de montagnes ; les contourner quand elles sont trop à pic ; et cela, sur des pierres, sans chemin frayé, ayant devant nous le *Djébel-Sannin* tout couvert de neige (2.559 mètres), et arriver enfin à *Aqoura* par une descente pierreuse près de laquelle celle du Thabor n'était qu'un jeu ! Dans les passages trop difficiles, nous mettons pied à terre et nos moukres conduisent nos chevaux. Ce sont pour moi les moments les plus pénibles, car je ne me sens pas d'aplomb sur les pierres roulantes, et j'ai souvenance d'avoir perdu l'équilibre, au grand effroi de ma compagne et de Joseph, bien vite rassurés par mes éclats de rire : ne m'étant fait aucun mal, je ne voyais que le comique de l'aventure ! C'est égal, je m'efforce à ne plus recommencer.

Aqoura est un village assez important;

adossé à un rocher de trois cents mètres de haut, d'où une avalanche a englouti, en 1874, plus de cinquante personnes. Les maisons offrent un aspect très-pittoresque ; elles sont construites en gradins, et la terrasse de l'une pourrait servir de rez-de-chaussée à l'autre. Le curé nous donne l'hospitalité ; les habitants les plus notables viennent nous souhaiter la bienvenue ; quelques mots de français aident à la conversation, qui cependant manque de charme. Quand on a chevauché sans arrêt depuis le matin, on aimerait la solitude ! Nos visiteurs finissent par le comprendre, et Joseph nous prépare à dîner ; il nous promet du lait : ce sera une fête !... et il nous apporte une soupe au riz à l'oignon qui ne me plaît guère, hélas ! Il faut cependant faire contre fortune bon cœur, ne serait-ce que pour ce brave garçon, si heureux de nous voir apprécier ses talents culinaires ! La nuit est splendide et la lune nous permet de nous promener sous les mûriers, que l'on cultive en grand nombre.

Samedi 20 juin. — Courage ! c'est demain que nous serons à Beyrouth ! En attendant, il faut partir de bonne heure et franchir monts et vallées pour arriver à *Afqa*, où nous restons en admiration devant la grande source du Nahr Ibrahim, ou rivière d'Adonis, qui sort d'une profonde caverne et forme des cascades plus belles que tout ce que nous avons vu jusqu'ici. L'eau écumante, les sombres rochers qui l'entourent, les chèvres qui se tiennent suspendues au bord du précipice, tout cela compose un spectacle grandiose et enchanteur.

En savourant une écuelle de lait qu'on vient de traire, je contemple ce site admirable et les quelques ruines d'un temple de Vénus qui s'élèvent à côté. Puis, nous continuons notre route sur les pentes arides du Sannin ; c'est la grande nature, mais entièrement sauvage, et l'intérêt n'est pas assez intense pour faire oublier la fatigue. Nos moukres eux-mêmes se plaignent et refusent d'avancer. Force nous est donc de nous asseoir sous le premier arbre que nous rencontrons avant d'être à Meirouba. Youssouf et Rachid mangent de si bon appétit, que nous sommes rassasiées en les regardant, et ne touchons pas aux chétives provisions que nous sert notre brave drogman désolé; nous nous contentons de boire un peu d'eau à chacune des nombreuses sources près desquelles nous passons.

Les villages sont disséminés à droite et à gauche ; nous n'en traversons aucun. Nous voyons Reifoun et ses rochers fantastiques, qui de loin ont l'air de maisons et de cathédrales.

Il est au moins sept heures quand nous entrons dans Ghosta, où réside en ce moment Monseigneur Jean-Pierre Hage, Patriarche maronite d'Antioche et de tout l'Orient, pour lequel Mme de Goncourt a une lettre. Avant de nous chercher un gîte, Joseph porte cette lettre, et bientôt l'abbé Antoine Arida, secrétaire de Sa Béatitude et élève de Saint-Sulpice, vient nous dire que l'on nous attend depuis un mois, et que l'on ne nous permet pas d'aller plus loin ce soir. Monseigneur Hage s'excuse de ne pas venir lui-même nous recevoir : il relève de maladie et est obligé de se ménager pour le lendemain, car le Sultan lui envoie le grand cordon du Medjidié ! Le branle-bas est général pour les préparatifs de cette cérémonie, et partout on dresse des arcs de triomphe ornés de drapeaux et d'oriflammes.

On nous reçoit dans un immense salon entouré de divans, où arrivent bientôt Monseigneur Joseph Debs, archevêque maronite de Beyrouth, venu pour la solennité de demain ; — Monseigneur Paul Massade, archevêque d'Apamé, neveu du dernier Patriarche et qui, malgré sa jeunesse, a un air des plus imposants dans sa soutane de soie rouge, qui fait mieux ressortir encore son teint mat et ses yeux noirs ; — Monseigneur Joseph Nagen, archevêque d'Acre, vicaire général du Patriarche ; — et l'abbé Debs, frère de Monseigneur de Beyrouth, aussi aimable que lui et qui a connu à Paris, au petit séminaire, le fils aîné de ma chère compagne.

Tous parlent le français comme leur propre langue, et la conversation, pendant le dîner, est un véritable feu roulant. Nous ne sentons plus la fatigue, et nous jouissons d'autant plus de la cordiale réception qui nous est faite, que Sa Béatitude ayant levé la clôture en notre faveur, nous sommes les premières femmes admises dans l'intérieur du monastère. Aussi les Frères qui nous aperçoivent dans les cloîtres se reculent-ils à notre approche ; je crois les entendre murmurer : *Vade retro, Satana !*

Malgré notre contentement, nous ne faisons guère honneur au repas. Nous avons cependant un pain arabe *soufflé* qui a meilleure apparence que le *pain serviette :* il est fait spécialement pour les évêques, et nous sommes vraiment trop difficiles de ne pas l'apprécier !...

Le divan nous sert de chambre : Joseph nous y installe deux matelas par terre, et nous y dormons mieux que sous le hangar d'Aïn-Ata !.

Dimanche 21 juin. — Après la messe dans la chapelle, nous disons adieu à nos aimables hôtes, et, sans pouvoir rien manger, nous remontons en selle. Nous voulons passer par *Aramoun*, où Mme de Goncourt désire voir le Père Pierre Schaër, qui, ramené en France par Mr de Baudicourt, au moment des massacres, a été élevé dans sa famille comme un de ses enfants.

Les chemins sont plus difficiles encore que tous ceux que nous avons eus jusqu'à présent !

Les indigènes eux-mêmes en conviennent !!!.. c'est une suite de marches de pierres à monter, à descendre, à remonter et à descendre encore, sans une minute de répit. Comme consolation, la vue est admirable sur la mer et le Liban habité. Ce n'est plus la nature sauvage d'hier ; il y a partout des églises et des maisons ; petites maisons carrées, entourées de verdure, et qui font encore moins comprendre les sentiers pierreux.

A Aramoun, au collège apostolique, nous trouvons le P. Schaër, si heureux de voir ma compagne qu'il veut absolument nous retenir plusieurs jours, pour que nous nous reposions sous son toit : « Vous êtes ici chez vous, dit-il » à Mme de Goncourt, ma maison est la vô- » tre ; restez-y pour me rendre heureux. » Le bon Père ne veut pas comprendre que nous sommes pressées par le départ du paquebot. Nous sommes peinées de résister à ses instances qui nous retardent, et c'est une véritable lutte que nous devons soutenir pour le quitter.

Encore une heure et demie à deux heures de descente impossible et nous sommes à *Gazir* ! et j'aperçois une vraie route ! ô bonheur !!! ma joie est indescriptible et se traduit par une chaleureuse exclamation !

Nous laissons nos chevaux à Joseph ; et, après avoir donné le backchiche promis à Youssouf et à Rachid, nous montons dans une victoria, qui nous fait suivre le bord de la mer, dont nous jouissons sans fatigue, ce que nous apprécions beaucoup !

A *Djouni*, nous essayons de déjeuner : essai infructueux ; nos estomacs sont fermés ; car, toute cette semaine, comme nous le disions hier à Monseigneur Debs, nous avons vécu d'air et d'eau !

Enfin, à cinq heures et demie, nous sommes à *Beyrouth*, à l'hôtel d'Orient, où nous retrouvons tout le confort européen. La poste est fermée, comme je le craignais, hélas ! et il me faut attendre à demain pour avoir les lettres tant désirées !

Nous allons en voiture, car les courses sont longues, à la recherche de nos malles, que Monseigneur Géraïgiry a envoyées de Gédaïdat, par chameau ; puis chez les Sœurs de Charité, où nous sommes reçues par des Françaises, heureuses de voir des compatriotes.

La Supérieure, très-âgée, est à Beyrouth depuis plus de trente ans ; sa conversation est intéressante et nous fait oublier que nous n'avons pas dîné. Nous passons la soirée chez le comte de Perthuis, dont la fille, Mme de Mallevoue, a épousé un cousin de ma compagne, et nous nous croyons en France. Il est certain que Beyrouth ressemble aux villes du littoral de la Méditerranée.

CHAPITRE QUARANTE-SIXIÈME.
Beyrouth.

Lundi 22 juin. — Pendant que Mme de Goncourt se repose, je vais à la poste avec le fidèle Joseph, qui est venu nous rejoindre. J'y trouve un gros paquet de lettres : les nouvelles de ceux que j'aime sont bonnes ; Dieu soit loué ! Je ne pense plus aux pierres du chemin, et je jouis de tout et de tous.

Les visites se succèdent toute la journée : ce sont les Pères grecs d'une part, les Maronites de l'autre ; ils ont appris notre arrivée et veulent nous souhaiter la bienvenue ; puis voici les Sœurs de Charité, et nous ne pouvons sortir qu'à quatre heures pour aller toucher à la Banque ottomane notre lettre de crédit, — nous rendre au collège du Patriarcat grec, dont l'abbé, Ignace Homsy, nous fait les honneurs ; — chez Monseigneur Malathios Fakkah, évêque grec-catholique de Beyrouth et de Gébaïl, où nous retrouvons cet accueil affectueux auquel les évêques d'Orient nous ont habituées ; — chez les Jésuites, où mon cousin, le Père Dillemann, commence à nous montrer l'Université de Saint-Joseph, dont on nous avait tant parlé ; et il est tard quand nous arrivons pour dîner chez Mr de Perthuis, où nous passons une délicieuse soirée, assises dehors au clair de lune, la mer à nos pieds, et une fourmilière d'étoiles sur nos têtes. Nous sommes dans la partie aristocratique de Beyrouth, le Ras Beyrouth, qui équivaut à nos Champs-Élysées, et l'on voudrait rester toute la nuit à cette douce fraîcheur, si différente de l'atmosphère tropicale du jour.

MARDI 23 JUIN. — Nous devions prendre aujourd'hui le Lhoyd-Autrichien pour Smyrne ; mais nous nous décidons à attendre demain le bateau Russe. Nous vivons à l'européenne, recevant et rendant des visites ; c'est à en être fatiguées ! Après une messe entendue aux Capucins, tout près de notre hôtel, nous avons vu le Père Zouaïn, supérieur du collège de Gazir, que nous n'avions pas rencontré en y passant dimanche. Puis il me faut courir avec Mr Philip Katèbe, frère du curé de Saint-Julien-le-Pauvre, de Paris, et la complaisance même pour avoir des renseignements sur nos colis de Damas qui ne sont pas arrivés ; tout est difficile à l'étranger !

Le Père Dillemann nous montre en détail le splendide établissement des Jésuites, que nous avions déjà un peu admiré hier : cabinets de physique, de chimie, d'anatomie à défier ceux de Paris. L'imprimerie nous intéresse, et l'on nous y fait des cartes avec nos noms traduits en arabe : ce sera un souvenir de Beyrouth.

Au collège maronite, d'où la vue est ravissante, l'abbé Debs ne nous fait grâce ni d'un dortoir, ni d'une salle d'études ; mais le bon Père est si gracieux que nous ne sentons pas la fatigue ; il nous donne à chacune un bijou ancien et de superbes éponges prises sur leurs rochers.

Beyrouth n'a ni bazars ni monuments intéressants, et je suis heureuse de la quitter pour me diriger vers la France.

CHAPITRE QUARANTE-SEPTIÈME.
De Beyrouth à Smyrne.

Mercredi 24 juin. — Après la messe, d'obligation ici, en l'honneur de saint Jean-Baptiste, nous recevons les adieux de nos nouveaux amis, qui nous laissent à peine le loisir de faire nos malles.

A deux heures et demie, nous partons. La présence de Mr Katèbe simplifie les formalités de la douane, que nous redoutions, sachant que l'on paye à la sortie aussi bien qu'à l'entrée : singulier usage qui ne doit pas favoriser le commerce !

Nous voici à bord du *Lazaret*, bateau russe, où nous sommes installées princièrement : une grande cabine, deux vrais lits, divan et grande glace, cabinet de toilette à côté ; nous n'avons jamais été si bien ! A la table des premières, nous sommes avec le commandant et deux Américaines : une jeune fille de dix-neuf ans qui voyage pour son plaisir, avec une dame de compagnie qu'elle déteste. Chacune en particulier me conte ses doléances, et je suis obligée de parler anglais comme je ne l'ai pas fait depuis longtemps.

La soirée est délicieuse sur le pont ; nous y retrouvons un Monsieur d'Athènes que nous voyions à Damas, à l'hôtel Dimitri, et qui fait, en sens inverse, le même voyage que nous, avec cette différence qu'il voyage pour ses affaires, et nous pour notre plaisir.

Jeudi 25 juin. — Nous sommes en face de Tripoli (de Syrie), mais nous n'avons pas le temps d'y descendre. Nous ne pouvons que regarder avec nos lorgnettes cette ville célèbre dans l'antiquité et qui eut une grande importance sous les Croisades. C'est alors que Raymond de St-Gilles, comte de Toulouse, y fit bâtir, sur le mont Pellegrinus, un château qui subsiste encore en partie. A droite, le port d'El-Mina ; à gauche, appuyée sur la montagne, la ville proprement dite. Les descriptions que nous en avons lues nous font regretter de ne pouvoir en parcourir les rues étroites, aux portes enfoncées, aux balcons en moucharabis, aux pavés sonores, sur lesquels on croit entendre résonner les pas des Chevaliers bardés de fer. Mme de Goncourt se hâte de dessiner quelques ruines ; mais le navire tourne, s'éloigne, et bientôt nous ne voyons plus que le ciel et l'eau.

Nous passons Chypre pendant la nuit, et les heures s'écoulent dans une monotonie parfaite. Quel contraste avec notre vie si mouvementée des semaines précédentes ! Ce repos semble bon, mais il étonne : se lever tard, se coucher tôt, ce n'est plus dans nos habitudes ! Le corps s'en trouve bien et l'esprit s'y endort. On regarde le sillon du bateau dans la mer ; on s'absorbe dans cette contemplation, et, en vérité, on pense sans penser. C'est un état de somnolence indescriptible : c'est la *bête* qui a pris le dessus. Est-ce un effet de la cuisine russe, très-luxueuse, où le *caviar* et tous les hors-d'œuvre imaginables sont servis avant le potage ? On reste à table fort longtemps, car le commandant a un appétit phénoménal, et cause beaucoup entre chaque mets...: vais-je regretter nos repas arabes ?

SAMEDI 27 JUIN. — Nous avons aperçu Rhodes, sans y faire escale, hélas ! et tout en parlant des Chevaliers et de leurs hauts faits, nous entrons dans l'Archipel, où nous n'avons plus le temps de rêvasser. Une masse d'îles, entre lesquelles nous naviguons, rompent la monotonie des jours précédents ; ce sont les Sporades : Cos, Calymni, Patmos, avec ses maisons blanches groupées autour d'un vieux château-fort qui sert de monastère. C'est donc ici que l'apôtre saint Jean, exilé, écrivit son Apocalypse ? Nous ne pouvons détacher nos yeux de cette ville à jamais célèbre. Plus loin, nous passons entre Icaria et Samos. Les souvenirs mythologiques abondent dans la mer Égée, comme l'appelaient les Anciens : Icarie nous fait songer au malheureux fils de Dédale, qui, voulant voler trop haut, vit ses ailes de cire se fondre. Hélas ! n'est-ce pas l'image de ceux qui veulent sortir de leur sphère, et qui, après avoir brillé un instant, tombent plus bas que l'endroit d'où ils étaient sortis ? Je redis encore avec le Prince de Genève : « Restons ce que nous sommes ! » N'est-ce pas le meilleur moyen de faire honneur au divin Ouvrier qui nous a créés ?

Ces pensées philosophiques et religieuses n'empêchent pas de s'intéresser au présent, que nous avons beaucoup négligé depuis plus de deux mois ; nous vivons un peu, en fait de nouvelles, comme l'huître dans sa coquille, et je suis tout étonnée d'apprendre, par le mécanicien du *Lazaret*, que l'Express-Orient a été attaqué et dévalisé par soixante brigands ! C'est à n'y pas croire dans ce siècle de civilisation, et la chose est compréhensible pourtant : on s'empare du garde-barrière ; on lui commande, en le menaçant de mort, de mettre le signal d'arrêt ; le train immobile, on a vite bon marché des voyageurs ! Autrefois, les voleurs de grands chemins sautaient au cou des chevaux pour arrêter les diligences ; maintenant ils ont moins de peine et plus de profit.

Nous croyions changer de bateau à Smyrne, mais Mr Fornaro, ce Français qui habite Athènes et que nous avions vu à Damas, nous affirme que nous pouvons aller au Pirée sans déloger. Nous nous en informons : la réponse du commandant est affirmative ; l'Agence russe nous donnera nos billets à Smyrne, et, au lieu de coucher à l'hôtel, nous avons la permission de laisser nos bagages à bord du *Lazaret* et d'y garder nos lits. C'est une agréable simplification !

CHAPITRE QUARANTE-HUITIÈME.
Smyrne. — Excursion à Éphèse.

Dimanche 28 juin. — Nous sommes arrivées à *Smyrne* de bon matin ; l'entrée du port est très-accidentée et la ville a un aspect gracieux. Une petite barque vient nous prendre, quoique le paquebot soit à quai, pour nous conduire à la douane, où on regarde à peine nos passeports. Laurent Guilletti, guide de l'Hôtel de la Ville, nous conduit à l'église la plus proche, où nous entendons une messe basse ; puis, à travers des rues étroites, tournantes et très mal pavées, une voiture nous amène à la gare, où nous prenons des billets d'aller et retour pour Éphèse, tout comme nous en prendrions de Paris à Versailles ! Nous sommes tout étonnées de retrouver en plein Orient nos usages européens.

La vapeur nous emporte à travers une plaine bien cultivée, arrosée par le Mélès, simple ruisseau, jadis célèbre, puisque Homère serait, dit-on, né sur ses rives. Voici diverses stations : le *Pont des Caravanes*, à côté des cimetières tout plantés de cyprès, au pied du mont Pagus; — *Paradis*, non loin duquel on montre un monastère du Prophète Élie ; — *Tourbali*, encombrée de sacs, à cause de son commerce de blé. Nous apercevons, dans le lointain, l'île de Samos, et nous arrivons enfin à *Ayasolouk*, misérable bourgade, dominée par les ruines d'un château-fort. Là, après avoir mangé un peu de pain et de fromage, nous montons à cheval, et pendant trois heures, en plein midi, par un soleil de plomb, nous parcourons l'emplacement de l'ancienne *Éphèse*, où l'on ne voit plus que des chardons et des pierres noircies.

On y arrive par une sorte d'allée encore bordée de tombeaux, une véritable voie Appienne. Ici, on nous montre où fut le célèbre Temple de Diane, une des sept merveilles du monde, brûlé par Erostrate le jour de la naissance d'Alexandre (356 av. J.-C.) ; — là, le Gymnase, le Grand Théâtre et l'Odéon, qui conservent quelques vestiges des anciens gradins;—un grand porche voûté qui précédait le Stade, etc., etc.

Ce que nous cherchons surtout à Éphèse,

ce sont les souvenirs de saint Paul et de saint Jean. C'est dans cette ville, si fameuse alors, que le grand Apôtre vint prêcher l'Évangile pendant près de trois ans ; forcé de fuir la persécution, il y laissa Timothée, et plus tard adressa aux Éphésiens deux de ses immortelles Épîtres. C'est à Éphèse que saint Jean se fixa après la mort de la Sainte Vierge ; c'est là qu'il écrivit son Évangile, ses dernières Épîtres, et qu'il rendit son âme à Celui qu'il avait tant aimé !

Beaucoup de croix sculptées nous indiquent un tombeau que l'on pense être celui de saint Luc. Nous voyons aussi les restes d'une ancienne église, bien mieux conservée que le Temple de Diane. Nous errons longtemps à travers les ruines, et, la fatigue se faisant sentir, j'allais mettre pied à terre, quand un serpent, qui se glissait à travers les jambes de mon cheval, fit changer mon projet : j'aime mieux ne pas m'exposer à le rencontrer de plus près ; et je reviens à la station en pensant au grand Concile œcuménique tenu à Éphèse, en 431, pour combattre Nestorius ; on ne marchait pas alors au milieu des décombres, et une foule nombreuse entourait les Pères qui venaient de proclamer Marie, Mère de DIEU ! Combien ces grands souvenirs aident à supporter la chaleur et la poussière ! Le présent est bien peu de chose auprès du passé, et si je rentre à Smyrne un peu lasse de corps, j'ai le cœur content d'avoir fait cette excursion, que j'avais beaucoup désirée.

Nous visitons la cathédrale, grande mais moderne et l'église des Capucins, qui est érigée en paroisse depuis 1630, et dont les dorures sont remarquables.

A l'hôtel, le soir, assises sur un balcon, nous jouissons de la vue du golfe, vue splendide : une quantité de bateaux vont et viennent ; le soleil se couche dans la mer et semble s'y enfoncer majestueusement ; c'est le cas de redire :

« L'astre roi se couchait, calme au milieu des *flots*. »

Sous la fenêtre, un jardin où les élégantes Smyrnoises, vêtues de robes claires, viennent prendre des glaces en écoutant une fort bonne musique : ce sont les concerts des Tuileries, avec la mer en plus et le ciel d'Orient, dont on ne se lasse pas !

On dîne à près de neuf heures. Nous revenons ensuite sur le *Lazaret*, et je cause longtemps sur le pont avec le mécanicien, car je trouve ravissante cette ville éclairée, ces tramways qui passent sur le quai et nous rappellent l'Europe, pendant que les costumes bariolés nous montrent que nous sommes bien en Asie !

Lundi 29 juin. — Malgré le bruit que font les gens qui ne se couchent pas, — et il y en a beaucoup en Orient, — je dors à merveille, et suis disposée à trouver tout charmant. Notre petite barque d'hier nous fait atterrir, et, après avoir entendu la messe et déjeuné à l'hôtel, nous parcourons les bazars, qui ne sont rien auprès de ceux de Damas. Si nous arrivions de France, nous les trouverions superbes ! Tout en ce monde est affaire de comparaison ! J'y admire cependant quelques belles choses ; j'y achète même un coussin brodé, beaucoup plus beau que ceux que j'avais vus à Damas. Les tapis méritent leur réputation ; mais je n'en ai pas besoin. Je laisse donc ma compagne errer de boutique en boutique, et je reviens sur le pont du *Lazaret* d'où j'observe, avec ma lorgnette, les allants et venants. L'animation est extrême ; les costumes sont des plus pittoresques, et l'heure du départ sonne vite : un dernier coup d'œil à Smyrne et l'ancre est levée. Nos Américaines ont pris un bateau pour Constantinople ; elles sont remplacées avantageusement par un jeune ménage de Rhodes qui, comme nous, se rend à Athènes. On fait vite connaissance sur un paquebot ; mais ici la connaissance ne sera pas longue, puisqu'elle finira demain !

CHAPITRE QUARANTE-NEUVIÈME.

De Smyrne au Pirée. — Athènes. — L'Acropole. — Les Musées.

Mardi 30 juin. — Nous naviguons dans la mer Égée, qui s'agite légèrement, mais reprend bientôt son calme, à la grande satisfaction de mes compagnons de route. Nous ne faisons aucune escale et voyons, sans nous y arrêter, l'île de Négrepont ou d'Eubée, l'île de Céas, le mont Laurium, le cap Sunium ou des Colonnes, sur lequel on distingue à merveille les ruines d'un Temple de Minerve, dont l'effet est ravissant.

A cinq heures et demie, nous sommes au Pirée. Nous laissons nos bagages à la douane, pour venir dans une bonne voiture, mais sur une route poussiéreuse à l'excès, à l'hôtel des Étrangers.

Nous voici donc à Athènes, très-étonnées de retrouver des toits pointus et des costumes européens! Cette ville, toute moderne, élégamment bâtie, dominée par les ruines imposantes du Parthénon, nous charme même à première vue. Cependant lorsque, assises le soir sur la place de la Constitution, où la musique militaire se fait entendre, nous nous croyons transportées au Palais-Royal, nous regrettons presque nos Arabes avec leurs cris gutturaux et leurs turbans aux couleurs éclatantes !

Quelques soldats (ou *hellens*) attirent notre attention ; ils portent l'ancien costume des *palikaris :* une jupe courte, blanche, très-large et plissée (on la nomme *fustanelle*), et la veste brodée, très-élégante ; on dirait un costume de danseurs d'opéra. Ils sont chaussés du *saroucha*, soulier garni d'une grosse bouffette à l'extrémité. (Le mot *palikari* veut dire : *homme fort*.)

Mercredi 1er juillet. — Je suis tout étonnée de m'éveiller à Athènes et tout heureuse de penser que c'est notre dernière étape ; encore quelques jours, et nous reverrons la France et tous ceux que nous y avons laissés ! Il faut être loin de son pays pour savoir combien on l'aime et pour comprendre le mot fameux de Danton : « Emporte-t-on la patrie à la semelle de ses souliers ? »

Il fait chaud ici : la brise de la mer ne se

fait plus sentir. Dès huit heures, nous sortons en voiture, avec un guide, puisque nous ne comprenons pas plus le grec que nous ne comprenions l'arabe. J'espérais trouver le directeur de l'École française, dont j'ai beaucoup connu la famille : il est parti depuis dimanche avec sa femme et ses enfants ! Je le regrette, car Mr Homolle est un jeune savant qui aurait dirigé nos excursions.

Athènes est une ville neuve, aux rues droites et non pavées, ce qui explique l'horrible poussière qui ternit tout en cette saison et obscurcit presque l'atmosphère. Les maisons ne sont pas très-élevées ; beaucoup ont des portiques ; l'ensemble est joli ; les poivriers, qui bordent la plupart des avenues, ont un feuillage léger qui doit être charmant au printemps ; il est gris maintenant au lieu d'être vert !

Je n'ai pas la prétention de décrire les ruines d'Athènes. Je dirai seulement que nous avons vu avec beaucoup d'intérêt les restes du Temple de Jupiter Olympien (l'*Olympiéion*), commencé 530 ans avant JÉSUS-CHRIST et fini, sous Adrien, en l'an 130 de notre ère. D'après Pausanias, cet édifice avait quatre stades, soit plus de 740 mètres de circonférence. Des cent vingt colonnes qui l'ornaient, il en existe encore seize, qui ont sept mètres de tour. L'Arc d'Adrien est auprès ; il séparait l'ancienne Athènes de l'Athènes nouvelle ou Hadrianopolis ; en effet, sur la frise, du côté de l'Acropole, on lit : *C'est ici l'Athènes de Thésée*, et du côté de l'Olympiéion : *C'est ici la ville d'Hadrien*.

Nous contournons l'Acropole et saluons en passant le monument de Lysicrate, lanterne de Diogène, où l'on supposait autrefois que Démosthène se retirait pour se livrer à l'étude. Quittant notre voiture, nous entrons dans l'ancien théâtre de Dionysos, qui pouvait contenir trente mille spectateurs, et où des fouilles récentes ont mis à jour les stalles et les fauteuils de marbre blanc où s'asseyaient ceux qui venaient entendre les chefs-d'œuvre d'Eschyle, de Sophocle et d'Euripide. Oui, ces Anciens, qui ont servi de modèles à Corneille et à Racine, ont vu leurs pièces représentées au lieu même où nous sommes ; et tout ce qu'il y a en nous de fibres littéraires tressaille à ce souvenir. Nous nous asseyons dans une des stalles d'orchestre (comme l'on dirait de nos jours), et il nous semble voir les acteurs apparaître sur cette scène à jamais célèbre. Hélas ! nous n'y voyons que la poussière ; et le soleil nous engage à monter plus haut, pour nous abriter dans l'*Asklépiéion*, Temple d'Esculape, où, passant sous un portique, nous arrivons à la source sacrée. C'est là que les malades venaient demander leur guérison au dieu de la médecine ; nous trempons nos lèvres dans l'eau jaunâtre de cette source, et nous arrivons bientôt à l'Odéon d'Hérode, qui était couvert et pouvait contenir six mille spectateurs ; un incendie l'a détruit en partie. Il est probable que les représentations avaient lieu pendant la belle saison au théâtre de Dionysos, d'où un portique conduisait à celui d'Hérode quand le mauvais temps obligeait à se garantir de la pluie.

Encore quelques pas à travers les décombres, et nous sommes à l'entrée de l'Acropole. Nous gravissons un escalier en marbre qui nous conduit aux Propylées, dont les proportions grandioses nous saisissent d'admiration ; le Temple de la Victoire sans ailes est à droite.

Bientôt nous sommes dans l'immense cour qui précède le Parthénon, et nous suivons la *voie sacrée* par laquelle les prêtres et les prêtresses d'Eleusis venaient sacrifier à la vierge Athéna. Ce Parthénon, unique au monde, et que nous avons vu reproduit en petit à la Madeleine de Paris, nous frappe moins par son aspect grandiose que par les souvenirs qu'il rappelle : Pisistrate, Thémistocle, Cimon, Périclès et son ami Phidias, ont contribué à sa grandeur ! Je ne me lasse pas d'admirer ses hautes colonnes, qui semblent defier le temps, et je regrette que les frises célèbres aient été enlevées par lord Elgin pendant la guerre de l'Indépendance. Les Anglais les conservent au Musée britannique, tandis qu'à Athènes ils en ont envoyé les fac-simile. O dérision !

Le Portique des Cariatides nous offre un des plus beaux spécimens de l'art antique, et la Pinacothèque nous fait rêver aux Apelle et à tous ces peintres fameux, ancêtres des Raphaël et des Michel-Ange.

Sur le plateau, à l'est de l'Acropole, on nous montre le belvédère où l'Impératrice

Eugénie fut reçue par le roi de Grèce. On y découvre le mont Hymette, qui fait songer au doux saint François de Sales, et le mont Pantélique, où se trouvaient les carrières qui ont fourni tous les marbres que nous venons d'admirer. Ces marbres, quelque détériorés qu'ils soient, existent encore, et nous venons de loin contempler ce qu'il en demeure; mais que reste-t-il de ceux qui les ont amenés là ? que reste-t-il de la puissante souveraine qui dînait un soir sur ce belvédère, et qui pouvait alors se croire maîtresse d'un grand empire ? Ils sont tombés, et les ruines du Parthénon subsistent ! N'est-ce pas le cas de répéter : Vanité des vanités, tout n'est que vanité !

CHAPITRE CINQUANTIÈME.
Souvenirs de saint Paul.

CETTE pensée nous fait quitter la mythologie pour nous ressouvenir de St Paul. Nous voici devant l'Aréopage, où le grand Apôtre enseignait le DIEU inconnu. Nous nous plaisons à relire ce magnifique chapitre des actes (XVII, 15 à 34), et à redire : « C'est en DIEU que nous vivons, que nous nous mouvons et que nous sommes. »

Toutes nos actions, même les plus banales, peuvent donc nous être comptées si nous savons tourner notre intention vers DIEU. Hélas ! ne soyons pas comme les Athéniens puristes dans le langage et coupables dans les actions. Parce que St Paul ne parlait pas assez correctement leur langue, ils le chassent en lui disant : « Nous t'entendrons sur ce » sujet une autre fois. » Suivons plutôt Denys l'Aréopagite, et que la foi nous fasse trouver DIEU, même dans les ruines des monuments païens !

On nous montre la prison de Socrate, où

ce grand sage de l'antiquité aurait bu la ciguë, 400 ans avant J.-C., parce que sa doctrine trop pure condamnait les passions du peuple. O humanité! tu es toujours la même : les siècles passent, mais tu ne changes pas!

Le soleil, dont rien ne tempère l'ardeur, nous oblige à rentrer pour prendre un peu de repos. Dès deux heures, nous ressortons afin de visiter à l'ombre le Musée polytechnique, qui renferme une masse de vases antiques, de bijoux trouvés dans des tombeaux, et qui nous prouvent encore une fois que rien n'est nouveau de ce que nous croyons inventer.

Au retour, à pied, nous admirons de délicieuses petites églises minuscules, de style byzantin, bâties par Eudoxie, femme de Théodose, au commencement du Ve siècle. La petite métropole, ou Panaghia Gorgopiko, et la Kapnikaréa, sont de véritables joyaux ; on voudrait pouvoir les enfermer dans un écrin.

Ceci me conduit à dire que la religion grecque schismatique est celle qui domine à Athènes, où il n'y a qu'une église catholique latine, dédiée à saint Denis (l'Aréopagite).

Cette église est grande et n'a rien de remarquable, sauf des colonnes monolithes en marbre vert antique, qui produisent un très bel effet.

On dîne tard à l'hôtel des Étrangers, et comme nous n'avons pas envie d'aller au théâtre, nous nous asseyons tranquillement devant un café, et nous savourons d'excellentes glaces en regardant les passants : c'est la France avec le ciel d'Orient !

CHAPITRE CINQUANTE ET-UNIÈME.

Suite de la visite d'Athènes. — Corinthe et Eleusis.

Eudi 2 juillet. — Après avoir été au Pirée en chemin de fer, pour prendre des renseignements à l'Agence Fraissinet, nous visitons le *Céramique*, ancien cimetière, où les tombes sont admirablement conservées, et où nous nous extasions devant des sculptures d'une finesse incomparable. Puis, passant sous la *Porte Sacrée*, dont parle Plutarque, et que l'on croit remonter à Thémistocle, nous arrivons à la *Porte Double* ou Dipylon, construite sous Périclès, dont il reste quelques ruines, et nous sommes bientôt au *Temple de Thésée*, monument de l'ordre dorique, le plus pur et le mieux conservé de tous les temples de Grèce, et, — dit-on, — de ceux de Sicile et d'Italie. A distance, son aspect est majestueux, et l'on est tout étonné, quand on s'en approche, de lui trouver de si petites dimensions. Les anciens étaient bien habiles, et tiraient des éléments les plus simples des effets pleins de grandeur.

Nous rentrons à pied, flânant dans les bazars, qui n'ont rien de remarquable, et à deux heures, quand le soleil est un peu moins chaud, nous retournons à l'Acropole pour en voir le Musée très-peu intéressant. Il nous faut, pour y arriver, retraverser les Propylées, contourner le Parthénon, ce qui nous permet d'admirer encore ces ruines gigantesques, que je voudrais voir par un beau clair de lune. Cela n'est pas possible en ce moment, à mon grand regret! mais il faut savoir se borner. Dans les avenues qui entourent l'Acropole, d'immenses aloès en fleurs forment une véritable haie; quelle végétation luxuriante!

Nous voici dans l'*Agora*, où se tenaient les marchés, et où les Athéniens bavards aimaient à entendre et à dire des nouvelles; des fouilles récentes (mars 1891) y ont encore fait découvrir des débris de portiques. — La *Tour d'Éole* est près de l'ancienne porte de l'Agora; c'est une tour octogone, en marbre blanc, sur chaque côté de laquelle étaient les figures symboliques des vents; on les y voit encore avec leurs attributs et leurs noms.

Le Musée central nous intéresse par ses

sculptures, et, dans la riche habitation de Mr Schliemann, nous voyons une splendide collection d'antiquités de Mycènes.

Nous avons ainsi une idée assez complète des principales curiosités d'Athènes ; il faudrait bien des jours pour les étudier à fond.

A la table d'hôte, je cause avec des Messieurs belges, qui habitent Naples, et paraissent bien connaître le caractère des Athéniens : ils ne m'en donnent pas une très-favorable idée !

VENDREDI 13 JUILLET. — Fidèles à notre itinéraire, nous voulons suivre saint Paul à Corinthe, et, avant sept heures, nous gagnons la gare afin de prendre le train, qui, en trois heures, nous amène à Néa-Corinthe, par une route des plus délicieuses : nous longeons la mer depuis Eleusis, et alors les souvenirs historiques abondent : voici Salamine, où Thémistocle défit les Perses (480 avant JÉSUS-CHRIST) ; — Égine, jadis si florissante, mais qui ne put résister à Athènes ; nous franchissons les Roches scironiennes, regardées comme très-dangereuses par les Anciens, et d'où nos wagons, s'ils déraillaient, seraient précipités dans la mer.

L'eau du golfe de Saronique est d'un bleu idéal ; on voudrait s'y plonger. Bientôt nous franchissons le canal qui percera l'isthme de Corinthe et unira les deux golfes ; ce canal n'est pas terminé, et l'on se demande si les services qu'il rendra vaudront l'argent qu'il aura coûté.

Enfin nous sommes dans le Péloponèse, et, en trois quarts d'heure, un landau nous conduit à Acro-Corinthe ; sauf les ruines d'un temple, on n'y trouve guère, comme à Ephèse, que des pierres et des chardons ; mais la vue est admirable : elle domine, à la fois, le golfe de Corinthe et le golfe de Saronique ; le Parnasse est devant nous ; à ses pieds, Delphes, aux oracles célèbres. Nous invoquons tous les noms que nous rappelle notre mémoire : Argos, Mycènes, Sparte, Epidaure, etc., etc. Dans l'impuissance où nous sommes de reconstituer dans le présent toute cette grande histoire du passé, nous pensons que saint Paul a foulé la terre sur laquelle nous marchons ; on nous montre une grotte où il écrivait, dit-on, ses immortelles épîtres; elles subsistent encore tout entières, ces épîtres, et leur popularité est universelle, tandis que c'est le petit nombre qui s'intéresse aux exploits des Thémistocle, des Aristide et des Miltiade.

Après avoir acheté quelques broderies, faites par les femmes indigènes, et déjeuné dans notre landau, nous revenons à la gare prendre le train, que nous quittons à *Eleusis*, pour parcourir les ruines immenses mais informes du Temple de la bonne déesse, Cérès, qui présidait aux moissons.

Comme je l'ai déjà dit, les peuples, égarés dans leurs croyances, éprouvaient pourtant le besoin qu'a tout homme sensé de révérer un être au-dessus de lui. Dans leur ignorance, ils adoraient les personnages qui leur rendaient service, et, comme le dit si bien Bossuet : « tout était Dieu excepté Dieu lui-même. » En étudiant le culte rendu à Cérès et à bien d'autres divinités du paganisme, on y trouve un semblant de raison : un bienfait, grandi par la reconnaissance. Le mobile primitif était bon ; les passions humaines le dénaturaient peu à peu, et il en sortait des mystères d'iniquités que la religion chrétienne eut grand peine à détruire !

Mais le CHRIST règne seul maintenant dans ces pays, et la plupart de ceux qui passent à L*ysina*, pauvre village de douze cents habitants, ne se doutent guère qu'ils sont sur l'emplacement de la célèbre Eleusis !

Nous rentrons à Athènes à sept heures et demie, enchantées de notre excursion, et regrettant de ne pouvoir visiter un plus grand nombre de ces lieux célèbres dont l'histoire a charmé notre enfance.

CHAPITRE CINQUANTE-DEUXIÈME.

Départ d'Athènes. — Adieux à la Grèce.

Samedi 4 juillet. — La chaleur est accablante, même la nuit, et cependant je dors la fenêtre ouverte !

Après une messe entendue à Saint-Denis, pour obtenir une bonne traversée, nous jetons un dernier coup d'œil sur Athènes, dont l'aspect est vraiment enchanteur.

Les Athéniens sont fiers de leur Acropole, et à juste titre ; aussi l'entretiennent-ils avec amour, et lui font-ils un cadre en rapport avec le tableau. L'ensemble de la ville est ce qui me frappe le plus agréablement : ces constructions neuves, à portiques pour la plupart, s'accordent avec les ruines grandioses du Parthénon, et les Grecs méritent aujourd'hui, comme jadis, la réputation d'hommes de goût qui a fait leur gloire.

Nous nous embarquons au Pirée, sur un bateau de la Compagnie Fraissinet, l'*Amérique*, qui a au moins cent mètres de long. On ne démarre qu'à une heure, ce qui nous per met de regarder le port très-animé, et d'étudier un peu la physionomie de nos nouveaux compagnons de route. Ils sont nombreux, et tous vont à Marseille comme nous, puisque l'on ne fait escale nulle part.

Beaucoup de Syriens et de Russes sont étendus sur le pont, où ils dormiront roulés dans leurs couvertures. Voici un régisseur de théâtre avec sa femme et vingt colis ; ils ont passé « la saison » à Athènes, et vont en France reformer une troupe. A côté, c'est une chanteuse de café-concert, au genre trivial, et qui affecte l'élégance.

Ce n'est plus la société choisie du *Poitou*, ni même du *Lazaret* ; mais que m'importe ? encore cinq jours de patience et nous serons en France !!... Oh ! la joie du retour !! Elle me fait songer à une très-jolie fable du Mis de Foudras : « La tourterelle et l'hirondelle. » Cette dernière peint à sa compagne la joie qu'elle éprouve, après une longue absence, à retrouver son nid, ses plaisirs de l'année précédente. La tourterelle écoute sans conviction et conclut en disant : « Vous revenez, c'est vrai, mais nous ne partons pas. » Je suis un peu l'hirondelle, et je jouis d'avance du bonheur de revoir ceux que j'aime.

En attendant, nos yeux ne peuvent se détourner de cette terre de Grèce, de l'Acropole, qui se détache dans le ciel bleu, du mont Lycabette, qui domine Athènes du côté Est. Puis, ce sont les îles de Salamine, d'Égine, à qui nous jetons nos adieux. Les côtes du Péloponèse sont très-découpées et fort jolies : voici le cap Malée, au sud duquel est Cérigo, l'ancienne Cythère ; la fable des deux pigeons me revient en mémoire, et je la récite d'un bout à l'autre en la commentant, c'est-à-dire en nous l'appliquant.

A table, je suis à côté d'un Monsieur que nous avions vu à Damas, retrouvé à Beyrouth, à Smyrne et sur le bateau russe ; il revient de Constantinople, son pays natal, et retourne à Manchester, qu'il habite : c'est un véritable cosmopolite.

Il fait bon respirer sur le pont, et la cabine m'effraye, car nous y avons de jeunes enfants.

DIMANCHE 5 JUILLET. — Pas de messe à bord ! c'est une privation qui nous paraît d'autant plus dure que, même dans nos déserts, elle ne nous était pas imposée.

Nous avons passé le cap Matapan, la pointe la plus méridionale de l'Europe, contemplé les sommets du Taygète, et nous naviguons en pleine mer Ionienne, invoquant les souvenirs de la Messénie, chantés par Casimir Delavigne ; je ne puis m'empêcher de répéter avec notre poète :

« Les Grecs ont tout perdu : la langue de Platon,
La palme des combats, les arts et leurs merveilles,
Tout, jusqu'aux noms divins qui charmaient nos oreilles. »

Je me plains surtout de ce changement des noms qui complique les voyages et les études, mais qui n'est pas spécial à la Grèce, puisqu'en Palestine même, presque aucune des anciennes dénominations n'a subsisté.

Le temps est calme, l'air est chaud, tout porte à la rêverie ; je m'endors à demi, en murmurant :

« O sommets du Taygète, ô rives du Pénée,
De la sombre Tempée vallons silencieux,
O campagnes d'Athènes, ô Grèce infortunée,
Où sont, pour t'affranchir, tes guerriers et tes dieux ? »

CHAPITRE CINQUANTE-TROISIÈME.
Derniers jours de traversée.

Lundi 6 juillet. — Nuit horrible ; impossible de fermer l'œil; le vent, qui avait fraîchi hier soir, pousse la mer contre nous ; elle entre jusque sur mon lit par un « hublot » mal fermé ; mes voisines et leurs enfants ont le mal de mer, et, pour éviter d'être malade à mon tour, je monte dès l'aube sur le pont : il me faut le bras d'un domestique pour marcher, tant le roulis est fort et le tangage violent.

Le calme se fait dans la matinée. Nous déjeunons en vue de la Calabre ; les tables sont dressées dehors ; heureuse innovation que j'apprécie beaucoup! L'Etna est sur notre gauche ; le cap Spartivento, à droite ; nous doublons le cap del Armi, et nous entrons bientôt dans le détroit de Messine, qui nous paraît encore plus étroit le jour que la nuit. Cette fois, c'est à la lueur du soleil que nous voyons Reggio très-bien bâtie, au milieu d'arbres superbes ; Messine avec son beau port et les forts qui la dominent. Tout près, voici Charybde et de l'autre côté Scylla, au-dessus de la petite ville du même nom ; ces écueils, jadis si redoutés, sont franchis sans hésitation, et nous revoilà au milieu des îles Lipari, que les Anciens appelaient îles Éoliennes. Le Stromboli fume toujours. Voici la grande Lipari, l'île Panaria, couverte de vignes et terminée au nord par la roche percée. Le commandant, qui a été dans la marine de l'État, est un homme distingué, instruit ; sa conversation est intéressante ; il nous raconte ses voyages, son séjour de trois ans en Syrie ; nous parlons de la Supérieure des Sœurs de Charité qu'il a connue à Beyrouth ; et quand vient l'heure de se coucher, je m'étends sur un des bancs à l'arrière, et, enveloppée dans mon grand châle, comme les Arabes, je dors d'un sommeil reposant et si profond, qu'un petit mousse est obligé de me secouer pour m'en tirer le *mardi* matin.

Qu'il fait bon sur ce pont ! j'y vois le lever du soleil ; il semble sortir des flots, et je voudrais être poète pour peindre mon admiration. Je me contente d'adorer le Maître de l'univers, et de le remercier des immenses jouissances dont il m'a comblée depuis trois mois.

Une troupe de marsouins nous accompagnent ; c'est très-amusant de les voir suivre le bateau : cela anime cette route uniforme sur laquelle le sillon du navire ne laisse pas de trace.

Le soir, après dîner, nous apercevons la Sardaigne ; bientôt nous verrons la Corse. Mais la nuit vient, et ce sont des feux de couleurs variées qui nous indiquent où nous sommes. Entre onze heures et minuit, on franchit le détroit de Bonifacio, où périt, en 1855, la frégate *La Sémillante*, qui portait huit cents soldats en Crimée. Je regrette de ne pas voir le *Passage de l'Ours*, dont on nous a tant parlé ; et comme le vent devient frais, je gagne mon lit, où je dors tranquille, car les malades sont guéris.

MERCREDI 8 JUILLET. — C'est notre dernière journée à bord ! Nous avions espéré être ce soir à Marseille, mais des courants contraires nous ont retardés ; d'ailleurs, l'arrivée réglementaire n'est que pour demain ; résignons-nous donc.

Le commandant nous donne des antiquités de Mytilène (l'ancienne Lesbos), et un Polonais, Mr Charles Hankiewiez, cause d'une manière intéressante sur la Russie. Nous étudions nos cartes avec un Monsieur qui habite l'île Cymis, près de Rhodes, et nous donne des détails curieux sur le commerce de ce petit pays.

Les heures passent vite. Nous avons longé la Corse, aperçu Ajaccio et les îles Sanguinaires. Enfin, on nous montre les côtes de France, et mon cœur saute de joie ! Les feux s'allument ; nous distinguons parfaitement d'où ils viennent : Nice est là ; voici Toulon et le cap Sicié, au nord duquel se trouve la Sainte-Beaume.

Pour la dernière fois, je m'étends sur ma couchette, mais comment dormir, si près du port ?

CHAPITRE CINQUANTE-QUATRIÈME.

Arrivée à Marseille. — Nice. — Lyon. — Retour à Vendresse.

Jeudi 9 juillet. — Dès quatre heures, je suis debout. Chacun s'agite, chacun se presse ; tous voudraient être débarqués. Les formalités sont longues, et, tout en regardant les bateaux qui vont et viennent, les colis qu'on décharge, tout en disant adieu à nos compagnons, que nous ne reverrons sans doute jamais, je pense à mes impressions au départ, et à la rapidité avec laquelle ont passé ces trois mois, car il y aura ce soir trois mois que nous avons couché à bord du *Poitou !* Que de pays nous avons parcourus ! que de choses nous avons vues ! et quelles actions de grâces nous devons rendre à Dieu, qui nous a si visiblement protégées !

Aussi, dès que nous avons déposé nos bagages à l'hôtel Beauveau et lu les lettres qui m'y attendaient, nous montons à N.-D. de la Garde la remercier de nous avoir si bien gardées ! C'est dans ce sanctuaire que nous faisions, presque avec larmes, le sacrifice de nos vies ; c'est dans ce sanctuaire que des larmes de reconnaissance mouillent nos yeux ce matin. Il nous a été donné de faire un beau Pèlerinage, un magnifique voyage ; nous rapportons des souvenirs pour toute notre vie ; puissions-nous les garder toujours aussi vivants, et nous rappeler sans cesse que, Pèlerins de la Jérusalem terrestre, nous devons travailler de façon à arriver un jour à la Jérusalem céleste.

Ma chère compagne me quitte, ce même jour, pour rejoindre ses enfants. Nous sommes tristes de nous séparer, après une si longue et si parfaite intimité ! Hélas ! tout finit en ce monde et notre rêve oriental est terminé.

Avant de regagner le nord de la France, je vais à Nice la Belle passer quelques jours chez mes bons amis de N.., retenus là par la santé du chef de famille. Ensemble nous allons à Monaco, et cette route de la corniche me rappelle celle que nous suivions pour gagner Corinthe : ce sont les mêmes rochers, les mêmes eaux bleues, avec la belle verdure de France dont j'ai été privée si longtemps ! Les gazons m'enchantent, et je redis avec le poète :

« Plus je vis d'étrangers, plus j'aimai ma patrie. »

Après un doux repos, pour le corps et pour le cœur, dans « le pays où fleurit l'oranger, » je reviens à Paris, en m'arrêtant à Lyon pour monter à N.-D. de Fourvières. Malheureusement un brouillard épais me cache la vue, et je soupire déjà après le ciel d'Orient.

Je retrouve le beau temps pour aller à Montmartre verser mes actions de grâces dans le Cœur de Jésus ; et, après avoir fait les commissions de nos nouveaux amis de Damas, avoir revu quelques-uns de mes vieux amis de France, je rentre à Vendresse, le lundi 20 juillet, trois mois et demi après l'avoir quitté.

Quand, au tournant de la colline, j'aperçois le clocher du village et les chères tombes entre lesquelles ma place est marquée, je chante de nouveau le *Te Deum*, et c'est *l'Alleluia* sur les lèvres, et encore plus dans le cœur, que je franchis le seuil de ma maison, où l'on me reçoit en pleurant, comme lors de mon départ ; mais c'est de joie, cette fois, et les larmes sèchent vite.

Cette émotion de ceux qui m'aiment et qui ont tant tremblé pour moi, me fait réaliser ce que j'avais déjà pressenti : malgré toutes les jouissances de l'esprit, malgré toutes les satisfactions de l'intelligence :

« Le meilleur instant du voyage
» Est encor celui du retour. »

ERRATA.

Page 30, ligne 4, au lieu de Nitrie, lisez Nitrée.
- » 105 » 3 » sur » sûr.
- » 216 » 10 » hambre » chambre.
- » 222 » 13 » qui prit » que prit.
- » 226, le sommaire du chapitre 38ᵉ doit être modifié comme suit : *De Banias à Damas. — Première promenade dans Damas.*

TABLE DES MATIÈRES.

DÉDICACE 7

CHAPITRE PREMIER.

Le départ. — Marseille. — Vie à bord 9

CHAPITRE DEUXIÈME.

La Corse. — L'Ile d'Elbe. — Le Stromboli. — Messine et Reggio 17

CHAPITRE TROISIÈME.

Des lettres à bord. — Candie. — Mer mauvaise . . 20

CHAPITRE QUATRIÈME.

Alexandrie 24

CHAPITRE CINQUIÈME.

Le Caire. — Les Mosquées. 29

CHAPITRE SIXIÈME.

Excursion à Memphis. 37

CHAPITRE SEPTIÈME.

Le vieux Caire. — Giseh 45

CHAPITRE HUITIÈME.

Matarieh — Héliopolis. — Études locales. . . . 49

CHAPITRE NEUVIÈME.

Les Pyramides. — Encore Giseh 55

CHAPITRE DIXIÈME.

Du Caire à Ismaïlia. — Canal de Suez. — Port-Saïd. 60

CHAPITRE ONZIÈME.

Caïffa. — Le Carmel. 63

CHAPITRE DOUZIÈME.

Départ du Carmel. — Séjour à Nazareth 69

CHAPITRE TREIZIÈME.

Le Thabor. — Tibériade 79

CHAPITRE QUATORZIÈME.

Le Lac de Tibériade. — Capharnaüm 84

CHAPITRE QUINZIÈME.

Départ de Tibériade. — Cana. — Retour à Nazareth. 90

CHAPITRE SEIZIÈME.

Départ de Nazareth. — Naïm. — Djennine . . . 95

CHAPITRE DIX-SEPTIÈME.

Samarie. — Naplouse. — Saint-Gilles 99

CHAPITRE DIX-HUITIÈME.

De Saint-Gilles à Jérusalem par Ramalah 108

CHAPITRE DIX-NEUVIÈME.

Jérusalem. — Aspect général 113

CHAPITRE VINGTIÈME.

La Basilique du Saint-Sépulcre. 118

CHAPITRE VINGT-ET-UNIÈME.

La Voie de la Captivité et la Voie Douloureuse . . 125

CHAPITRE VINGT-DEUXIÈME.

Le Cénacle. — Le Mont de l'Ascension. — Béthanie. 139

CHAPITRE VINGT-TROISIÈME.

La fatigue à Jérusalem. — Une journée à Bethléem. 145

CHAPITRE VINGT-QUATRIÈME.

Hébron. — Dîner au Consulat. 154

CHAPITRE VINGT-CINQUIÈME.

La Mosquée d'Omar et la Mosquée El-Aksa . . . 158

CHAPITRE VINGT-SIXIÈME.

Adieux à Jérusalem 164

CHAPITRE VINGT-SEPTIÈME.

De Jérusalem à Jaffa, par Ramleh. 167

CHAPITRE VINGT-HUITIÈME.

De Jaffa à Saint-Jean d'Acre 170

CHAPITRE VINGT-NEUVIÈME.

Saint-Jean d'Acre 175

CHAPITRE TRENTIÈME.

De Saint-Jean d'Acre à Tyr. 179

CHAPITRE TRENTE-ET-UNIÈME.

Séjour à Tyr. 183

CHAPITRE TRENTE-DEUXIÈME.

Départ de Tyr. — Sidon. — Nabatiyeh. — Arrivée à Gédaïdat 191

CHAPITRE TRENTE-TROISIÈME.

Séjour à Gédaïdat. — La Fête-Dieu. — Les cérémonies grecques. — Aspect de la ville 200

CHAPITRE TRENTE-QUATRIÈME.

Debbin. — La nourriture arabe. — Un dîner de Bédouins. 209

CHAPITRE TRENTE-CINQUIÈME.

Excursion à Hasbeya. — Église d'Ibel-el-Haouah . 213

CHAPITRE TRENTE-SIXIÈME.

Vie intime à Gédaïdat 218

CHAPITRE TRENTE-SEPTIÈME.

Départ de Gédaïdat. — Tell-el-Kadi. — Banias . . 221

CHAPITRE TRENTE-HUITIÈME.

De Banias à Damas. — Première promenade dans Damas. 226

CHAPITRE TRENTE-NEUVIÈME.

La grande Mosquée. — Les Bazars 233

CHAPITRE QUARANTIÈME.

Visite au fils d'Ab-el-Kader. — Souvenirs de saint Paul 240

CHAPITRE QUARANTE-ET-UNIÈME.

Le tombeau d'Abd-el-Kader. — Le Tekkié. — Encore les Bazars 248

CHAPITRE QUARANTE-DEUXIÈME.

Adieux à Damas.— Chtaura.— Zalheh.—Baalbeck. 252

CHAPITRE QUARANTE-TROISIÈME.

Baalbeck. 256

CHAPITRE QUARANTE-QUATRIÈME.

De Baalbeck aux Cèdres. — Bcharreh 259

CHAPITRE QUARANTE-CINQUIÈME.

A travers le Liban. — Arrivée à Beyrouth. . . . 269

CHAPITRE QUARANTE-SIXIÈME.

Beyrouth. 280

CHAPITRE QUARANTE-SEPTIÈME.

De Beyrouth à Smyrne 283

CHAPITRE QUARANTE-HUITIÈME.

Smyrne. — Excursion à Éphèse 288

CHAPITRE QUARANTE-NEUVIÈME.

De Smyrne au Pirée. — Athènes. — L'Acropole. — Les Musées 294

CHAPITRE CINQUANTIÈME.

Souvenirs de saint Paul 301

CHAPITRE CINQUANTE-ET-UNIÈME.

Suite de la visite d'Athènes. — Corinthe et Eleusis . 304

CHAPITRE CINQUANTE-DEUXIÈME.

Départ d'Athènes. — Adieux à la Grèce 310

CHAPITRE CINQUANTE-TROISIÈME.

Dernier jour de traversée 314

CHAPITRE CINQUANTE-QUATRIÈME.

Arrivée à Marseille. — Nice. — Lyon. — Retour à Vendresse 318

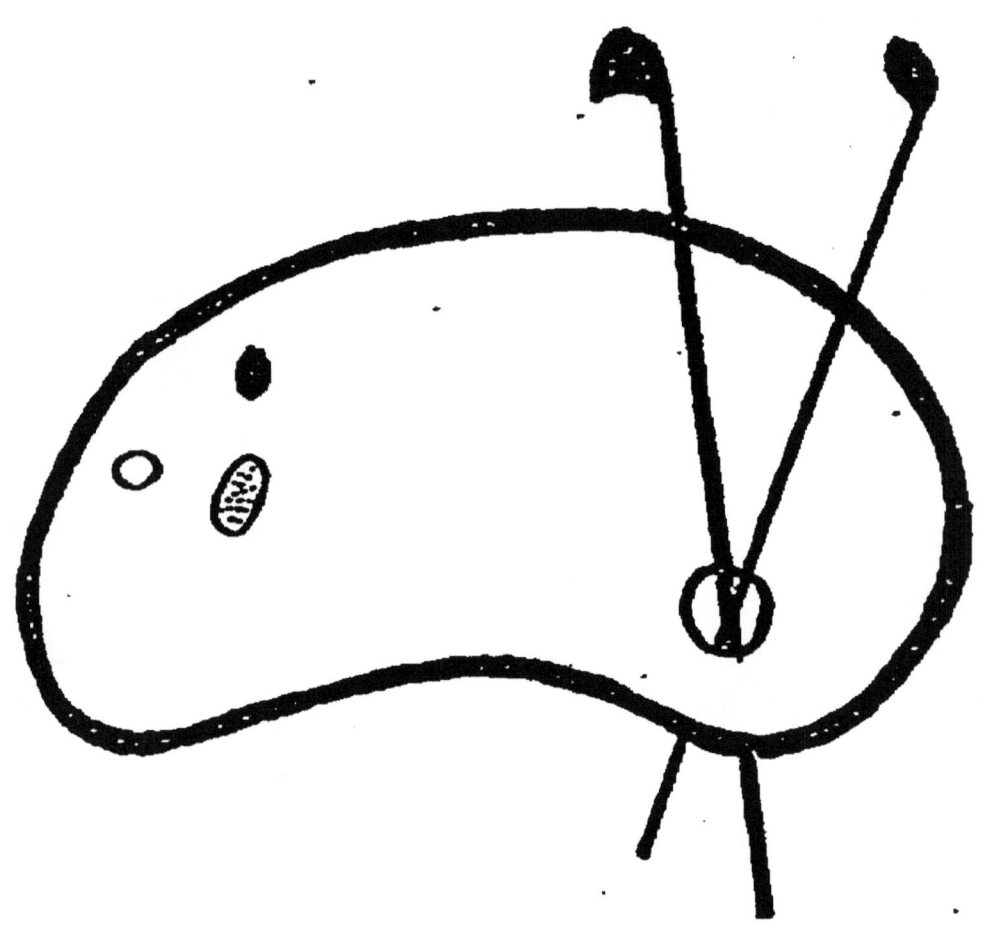

ORIGINAL EN COULEUR
NF Z 43-120-8

www.ingramcontent.com/pod-product-compliance
Lightning Source LLC
Chambersburg PA
CBHW070855170426
43202CB00012B/2084